Copyright © 2021 Jerónimo Milo & Juan Villafañe

Todos los derechos reservados

Diseño y diagramación: Jerónimo Milo

Todos los derechos reservados. Prohibida la reproducción total o parcial de esta obra por cualquier medio o procedimiento; ya sea gráfico, electrónico, fotocopia, etcétera, y el almacenamiento o transmisión de sus contenidos en soportes magnéticos, visuales o de cualquier otro tipo, sin permiso expreso del autor.
Los autores no se hacen responsables por el uso indebido de las técnicas de este libro, tampoco por ninguna posible lesión que pueda devenir de la práctica de cualquier técnica incluida en este manual, tanto sobre el lector como sobre otras personas. Ante la duda consulte a su médico.
Tampoco sobre las medidas adecuadas de seguridad ni los protocolos a la hora de construir las herramientas propuestas en este manual.

IMAGEN DE TAPA:

"Professor Harrison at the Scottish Fête', The Illustrated London News, 14 August (1852)"

ÍNDICE:

- 1 TAPA
- 3 LEGALES
- 4 INDICE
- 6 CLAVAPEDIA
- 7 NOTA DE JERONIMO MILO
- 8 PREFACIO
- 9 QUE VOY A OBTENER?
- 10 COMO LEER ESTE MANUAL
- 11 COMO LEER MDF
- 12 TIPOS DE CLAVAS
- 16 FABRICA TU PROPIA CLAVA 1

1
- 19 HISTORIA
- 20 VARZESH-E BASTANI
- 23 HEINRICH CLIAS
- 26 HANUMAN
- 28 KARLAKATTAI
- 31 LUCHA PEHLWANI
- 32 EL GRAN GAMA
- 35 LA GRAN EXPOSICION DE 1851
- 38 GHOLAMREZA TAHKTI
- 46 FABRICA TU PROPIA CLAVA 2

3
- 87 S. D. KEHOE
- 89 SIMON D KEHOE
- 90 CRISTIANISMO MUSCULOSO
- 92 EJERCICIOS
- 110 FABRICA TU PROPIA CLAVA 3

2
- 49 ENTRENAMIENTO
- 53 DOS MANOS
- 63 UNA MANO
- 77 DOS CLAVAS
- 78 LOS MANUALES ANTIGUOS

4
- 114 E. F. LEMAIRE
- 118 LA BATALLA DE LOS SISTEMAS
- 120 CAPITULO 1
- 127 ORTHOPEDIA
- 137 MUJERES SUFRAGISTAS
- 143 CAPITULO 2
- 146 E. FERDINAND LEMAIRE
- 156 AARON MOLYNEAUX HEWLETT
- 166 CAPITULO 3
- 171 CAPITULO 4
- 182 FABRICA TU PROPIA CLAVA 4

187 J. H. DOUGHERTY
199 DIO LEWIS
202 FABRICA TU PROPIA CLAVA 5

207 E. WARMAN
211 E. WARMAN
226 DOS CLAVAS
228 RESISTENCIA CON CLAVAS
248 FABRICA TU PROPIA CLAVA 6

253 PROFESSOR HARRISON
257 JAMES HARRISON
266 FABRICA TU PROPIA CLAVA 7

269 A. ALEXANDER
269 CLAVAS PESADAS
273 EL OCASO DE LAS CLAVAS

277 PLANOS
283 EPILOGO

Fig. 5

CLAVAPEDIA: CLAVAS, CLUBBELLS, INDIAN CLUBS, JORI, MUDGAR, MILLS (MEELS)

Difícil dar título a un manual que incluye TANTOS nombres, denominaciones, orígenes y estilos.

CLAVAS es una palabra que puede representar y aunar a todas las herramientas y prácticas similares. Esto significa que una clava occidental es igual a un Jori o un Mudgar? No, para nada. No pretendemos faltar el respeto a una cultura de miles de años con esta super simplificación. Pero a efectos prácticos, reúno los tipos de prácticas y herramientas similares en un solo volumen. Dejando para otras obras o especialistas, lo específico de cada herramienta tanto en lo técnico, como en su forma y en su historia y folclore involucrado.

Esta es la primera ENCICLOPEDIAS en castellano sobre este tema. En esta obra, se reúne el mayor caudal de conocimiento sobre la práctica y entrenamiento de las clavas, tanto en su versión tradicional antigua como en el estilo occidental, tanto antiguo como contemporáneo, y en las variantes y desarrollos que se puedan hacer para cumplir un objetivo funcional en la actualidad.

He tratado de recolectar la mayor información posible sobre la práctica de las clavas y sus herramientas accesorias o que tengan un nexo en común con el tipo de técnica usada con las clavas. Pretender aunar todos los conocimientos en un solo volumen es prácticamente imposible e ilusorio. Pero creo que en las más de 250 páginas de esta obra, quedaran plasmadas gran parte de la práctica con clavas como es conocida en occidente; también una guía clara de cuál es la mecánica, beneficios, y maneras de utilizar las clavas, en el estilo tradicional del antiguo oriente. Por eso, vamos a encontrar que la denominación de esta herramienta puede variar mucho:

- Jori y Mudgar para un Indio.
- Mills para un descendiente de la antigua Persia.
- Indian club para un occidental angloparlante.
- Clubbells como variante occidental moderna.
- Clavas para un hispanoparlante.

La forma y el origen hacen que muchos las consideren herramientas totalmente distintas entre sí, tanto por forma como por uso y función. El objetivo de este manual es encontrar los puntos de conexión, tanto históricos como en el entrenamiento, para que el practicante tenga libertad de elegir el estilo o la forma que mejor se adecúe a su persona y/o necesidades.

Este manual es único en su tipo por que logra por primera vez:
- Traducir al castellano un material VEDADO durante más de 100 años al público hispanoparlante.
- Explicar el origen real y sus connotaciones históricas, políticas y sociales y cómo eso afectó el entrenamiento actual.
- Aunar en un solo volumen muchos estilos de esta práctica.
- Proveer explicaciones claras sobre los beneficios anatómicos y mecánicos de su práctica.

¿POR QUE HAGO ESTAS RECOPILACIONES? JERONIMO MILO

Siempre sentí una irracional fascinación hacia las fotos antiguas, llámenlo fetiche, anclaje al pasado o la necesidad de que todo perdure, no lo sé, pero cada vez que veo una foto antigua en blanco y negro me estremece pensar cuál es la historia detrás de los personajes que la componen. ¿Qué pensaban? ¿Cómo lograron acceder a ese medio en ese momento? ¿Pensaban que una simple foto los iba a mantener vivos hasta el presente? Todas estas ideas se potencian cuando en la foto se está haciendo algo único, avanzado a la época o transgresor al momento histórico. A veces la foto es testimonio de un punto de inflexión en nuestra historia, y puede ser algo tan inaudito como la primera vez que el arte marcial chino fue exhibido en occidente en el medio de unas olimpiadas nazis; o bien una hazaña que aún no ha sido igualada, como levantar de manera sobrehumana una carga o quizás, algún combate legendario que cambio parte de la historia.

Durante mi carrera se me ha preguntado (y criticado) mucho por que escribo sobre el pasado. ¿Cuál es la necesidad de escribir sobre un tema que ya está sepultado y de cual incluso en la actualidad, se puede encontrar información más fidedigna, mediante el acceso a los libros actuales, estudios y papers que están tan de moda? Pienso, que cuando encontramos a algún adelantado (esos personajes que parecerían ser del presente y que de alguna manera tomaron una máquina del tiempo hacia el pasado) nos pueden dar una buena lección de cómo hacer las cosas en las condiciones menos favorables. Estos escritos son verdaderos "diarios del lunes" que nos ponen en aviso sobre cosas que aún no hemos logrado ver o que las hemos olvidado.

En este caso, este libro es una inmersión a una historia que involucra al colonialismo, la opresión, y una gran confabulación internacional para mantener al ser humano controlado y sumiso. ¿Demasiada paranoia dirás? ¿Estás listo para sorprenderte sobre los orígenes reales de esta herramienta? Porque la verdad puede ser estremecedora y puede llegar a tocar toda nuestra realidad sobre la educación física occidental actual. Para el final, veremos juntos, cómo esta herramienta también supo involucrarse con la liberación y desarrollo que hizo que llegue hasta nuestros días como herramienta moderna de desarrollo.

#clavapedia

ATENCION!!! ESTO ES UNA MEZCLA DE MANUALES ANTIGUOS, HISTORIA, ANALISIS Y DESARROLLOS MODERNOS

Este manual es una mezcla de recopilaciones de manuales ingleses y norteamericanos de más de 150 años de antiguedad. Así que encontrarás todo tipo de estilos de levantamientos y ejercicios con clavas. Desde los más livianos y con movimientos amplios, a los más cortos realizados con clavas muy pesadas. En el primer caso, te encontrarás con CIENTOS de variantes con respecto al movimiento y a la coordinación con estas herramientas y en el segundo, un efectivo entrenamiento de FUERZA y movilidad.

Me he ocupado de hacer un resumen de los ejercicios más representativos que se encuentran prácticamente en todos los estilos. Así, si te sientes desbordado por la cantidad de información, puedes elegir un paquete de técnicas que consideres más importantes, dentro de este sistema. Te recomiendo SIEMPRE comenzar con mi programa básico y volver a él ante un nuevo peso o forma de clava que presente un desafío.

Muchos de los ejercicios presentados en este manual, son de los libros originales. Así que solo deberás practicarlos bajo la supervisión de un profesional.

PREFACIO
LAS CLAVAS: PASADO, PRESENTE Y FUTURO

Las clavas son una herramienta que se ha presentado principalmente en la antigua Persia y el subcontinente Indio desde hace miles de años.

En el revisionismo histórico de las siguientes páginas encontrarás que las clavas han recorrido un complicado camino de historias de colonialismo, racismo, machismo, luchas tribales intestinas, marketing desalmado e incluso manipulaciones religiosas. Todas palabras que hoy pueden causar desdén y rechazo, pero también encontraremos palabras positivas en su desarrollo como rehabilitación, defensa, liberación, movimientos sufragistas, feminismo, folclore, entrenamiento y salud.

Insisto en que te tomes el tiempo para entender la historia de las clavas, porque intentar conocerlas y comprenderlas en todas su dimensiones sin el contexto histórico, es una falacia.

El conocimiento histórico y la VERDADERA función que provee el entrenamiento con clavas nos permitirá resignificar esta herramienta, dejando de lado estereotipos y evitando errores del pasado, perpetuando solo los hechos positivos relacionados con esta herramienta.

Optaré por no usar términos y connotaciones como "este estilo es mejor" o "este es el estilo original" o "esta es la única manera de hacer este ejercicio", como si hubiera categorías más prestigiosas que otras. Solo me referiré con respecto a lo correcto/incorrecto tomando como parámetro la FISIOLOGIA y la ANATOMIA FUNCIONAL. Valorando así, cuáles serían los rangos de movimientos seguros como así también, los riesgos y cuidados al manipular una carga pesada o de difícil control.

Este manual no es una lucha entre estilos, herramientas, ni discusiones geopolíticas que puedan presentarse, ante la gran variedad de estilos que existen. Pienso que en la COMUNION entre estilos y herramientas, es en donde se puede encontrar un verdadero beneficio para el hombre y la mujer contemporáneos.

PERO... ¿QUE VOY A OBTENER REALMENTE CON LA PRACTICA DE LAS CLAVAS?

En la variedad de prácticas, veremos que cada estilo pone especial énfasis en un conjunto de capacidades diferentes. A veces es la fuerza o la resistencia, otras la movilidad y la estabilidad. También la transferencia al arte marcial, los beneficios para la salud o el mantenimiento de valores balanceados de fuerza y movilidad.

En una descripción básica y general, decimos que las clavas sirven para desarrollar la fuerza, la movilidad y la coordinación en los miembros superiores. A su vez, se trabaja la estabilización del núcleo y el equilibrio. Su especial diseño, nos permite realizar ejercicios controlados y balísticos que recorren varios planos de movimiento, desarrollar la fuerza rotacional y aumentar nuestra fuerza de agarre [grip].

En la mayoría de los estilos, tanto tradicionales como occidentales, así como en los más contemporáneos, se repite esta lista de beneficios independientemente de la forma de la clava, peso o la modalidad de práctica:

- Una flexión y/o abducción aumentada en la articulación del hombro.

- Balance de la rotación interna y externa en el mango de rotadores. Balance entre movilidad y fuerza.

- Estiramiento de estructuras musculares que tienden al acortamiento, en personas tanto sedentarias como entrenadas: pectoral mayor, dorsal ancho, tríceps, subescapular, infraespinoso, redondo menor y fascias y estructuras relativas.

- Trabajo constante del core en todas sus "paredes".

- Movimientos con transferencia hacia deportes de arroje y proyección.

- Movimientos con transferencia directa a artes marciales.

- Movimientos de base y preparación para la práctica de armas tradicionales (sables, espada, hachas, etcétera).

COMO LEER ESTE MANUAL

Aquí presento algunas traducciones específicas, terminologías, medidas y elementos de época y lugar que nos ayudarán a comprender un poco más este texto y los incluidos en él.

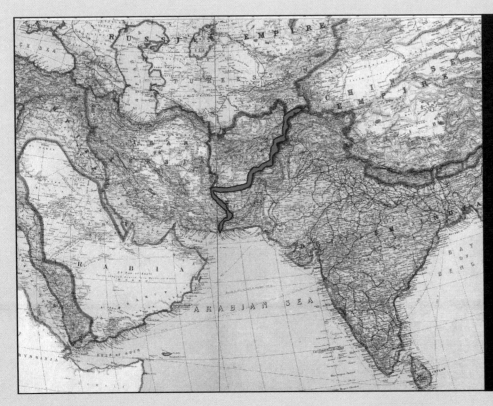

El "origen"

Consideremos a Persia (izquierda) y al subcontinente indio (derecha) como origen de esta herramienta. Persia sería principalmente Irán y Pakistán en la actualidad, y el subcontinente indio involucraría a India, Bangladesh y Sri Lanka. La segunda parte de la historia correspondería al imperio Británico y sus colonias.

LAS HERRAMIENTAS RELATIVAS

Las clavas vienen acompañadas de otras herramientas relativas, tanto en lo histórico como en la manera de usarlas. El estudio y conocimiento de las clavas te abrirá efectivamente las puertas a herramientas más pesadas o de una longitud mayor. La función es muy parecida y es por eso que históricamente se han practicado juntas. En india las gadas han acompañado los entrenamientos y en occidente, llegan a nuestros días en forma de mazas de hierro.

MAZAS (MACEBELLS)

GADAS

GADAS, MAZAS, JORIS

¿COMO LEER LAS RESEÑAS DE LOS "MAESTROS DE LA FUERZA"?

En esta obra, continúo con las fichas de los antiguos strongman y strongwoman, en apartados que conoceremos como **MAESTROS DE LA FUERZA (MDF)**.

NOMBRE CONOCIDO + (Nombre real de nacimiento).

ALIAS: Nombre modificado, artístico.

ORIGEN: Ciudad y país.

PERIODO: ANCESTRAL (HASTA 1799), ANTIGUO (1800-1860), CLASICO (1860-1914), MODERNO (1914-1970), ACTUAL (1979 - PRESENTE).

ESPECIALIDAD: Su dedicación principal.

HABILIDAD ESPECIAL: Habilidad que lo hizo famoso y en la que se destacó.

FRASE CELEBRE: Frase, o pensamiento que define a su persona.

HIGHLIGHT: Punto o acontecimiento más importante de su vida.

ANTAGONISTA: Enemigo. Rival u oponente.

ELEMENTO PREFERIDO: Herramienta favorita de entrenamiento, competencia o exhibición.

LEGADO: Alumnos o seguidores que dejó. Influencia e impronta en la historia de la cultura física.

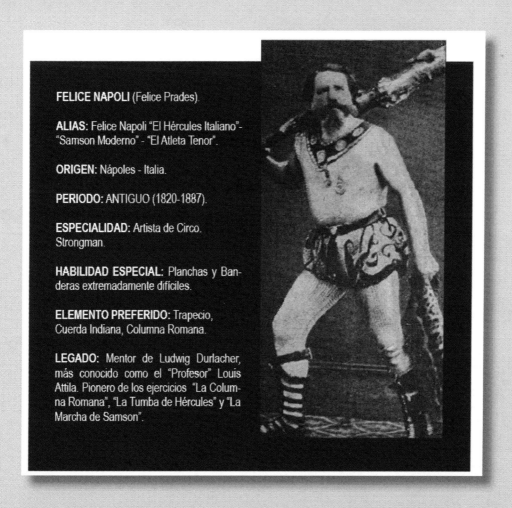

FELICE NAPOLI (Felice Prades).

ALIAS: Felice Napoli "El Hércules Italiano" - "Samson Moderno" - "El Atleta Tenor".

ORIGEN: Nápoles - Italia.

PERIODO: ANTIGUO (1820-1887).

ESPECIALIDAD: Artista de Circo. Strongman.

HABILIDAD ESPECIAL: Planchas y Banderas extremadamente difíciles.

ELEMENTO PREFERIDO: Trapecio, Cuerda Indiana, Columna Romana.

LEGADO: Mentor de Ludwig Durlacher, más conocido como el "Profesor" Louis Attila. Pionero de los ejercicios "La Columna Romana", "La Tumba de Hércules" y "La Marcha de Samson".

TIPOS DE CLAVAS

Aquí presentamos algunas traducciones específicas, terminologías, medidas y elementos de época y lugar, que nos ayudarán a comprender un poco más este texto y los términos incluídos en él.

La clava es una herramienta para el entrenamiento físico, utilizada específicamente para el desarrollo de la fuerza, la movilidad y la coordinación. Es un objeto relativamente pesado, de forma cónica, con un extremo romo, muchas veces incluso plano (ese es el lado que se apoya en el suelo) y otro extremo en forma de mango, desde el cual se toma el elemento con la mano.

Existen varios tipos de clavas. Sus diferentes diseños, pesos y tamaños están basados en las diferentes versiones y estilos utilizados originalmente en Persia y diferentes zonas del subcontinente Indio. Entre estos diseños originales podemos distinguir:

MILLS: Las Pesas Persas [میل en Persa]

Herramienta utilizada en la práctica de Varszesh-e Bastani [ورزش باستانی]. Se dice que este es el diseño "original" del cual derivan todas las demás, siempre utilizando uno en cada mano. La distribución del peso tiende a ubicarse en el extremo distal.

Tradicionalmente, los principiantes comienzan utilizando Mills de entre 3 y 4 kilos cada uno. Al mismo tiempo, al mencionar los pesos, siempre se hace referencia a la suma de los pesos de ambos elementos. Es decir que si un ejercicio se prescribe con 16 kg, se deben utilizar un par de Mils de 8 kg cada uno.

En la actual Irán, la práctica de Varszesh-e Bastani [también conocida como Varzesh-e Pahlavani] se sigue llevando a cabo, en los tradicionales Zurkhaneh [زورخانه en Persa] cuya traducción al castellano, sería "Casa de la Fuerza".
El luchador más famoso en este estilo y el cual desarrolló su fuerza utilizando este tipo de clava, fue Gholamreza Takhti

Persian Mill
Un par de Mills [میل en Persa]. Las famosas "Pesas Persas"

JORI: Las Verdaderas Clavas de la India.

Herramienta utilizada en la práctica de Kushti (Lucha Tradicional del Norte de India, también conocida como Lucha Pelhwani). Los Jori también poseen una forma cónica, pero son menos gruesos, más largos y poseen un mango más robusto que los Mills Persas. Siempre se trabaja con dos elementos, uno en cada mano.

Aunque los movimientos son muy similares a los entrenados con Mills, la técnica es diferente como consecuencia de la longitud del elemento.

Los Jori Indios son fabricados en un enorme rango de pesos. Los luchadores Kushti entrenan en general con Jori de entre 8 kg y 20 kg. Existen Jori más pesados, pero estos son utilizados solamente para competencias ceremoniales en diferentes festivales.

Es importante destacar que existen dos tipos de práctica con Jori: como complemento al entrenamiento de la lucha, utilizando un peso moderado y muchísimas repeticiones y como exhibición, utilizando pesos muy pesados, a modo de "proeza de fuerza".

En la India, el entrenamiento con Jori es parte de los ejercicios tradicionales practicados dentro de los Akhara [Gimnasios de Lucha Kushti].

El luchador más famoso en este estilo, utilizaba los Jori para desarrollar su fuerza. Su nombre fue Ghulam Mohammad Baksh, más conocido como "El Gran Gama".

Jori
La "Clava India" original, precursora de las "clavas indias".

MUDGAR: Prototipo de la "Heavy Club" o "Clava Pesada" [मुद्गर]

Herramienta utilizada también en la práctica de Kushti. Este diseño es más bien cilíndrico, parecido a un tronco, con la distribución del peso tendiendo al medio del elemento. Su mango es más largo, lo que permite utilizarlo con 1 o 2 manos según el tipo de ejercicio y el nivel del practicante. En los textos victorianos sobre "Indian Clubs", son los denominados "Heavy Clubs" o "Clavas Pesadas".

Mudgar, otro diseño de Clava India.

KARLAKATTAI: La versátil Clava Tamil.

Herramientas utilizadas por el grupo étnico Tamil, del Sur de la India y Sri Lanka, complementando la práctica de Silambam (Sistema de combate tradicional Tamil). Dentro de este sistema, existen varios diseños, similares a los previamente mencionados.

El diseño de Karlakattai más utilizado en occidente tiene una forma cónica y se asemeja a una mezcla entre el Mudgar Indio y el Mill Persa. Se utilizan con 1 y 2 manos y de diferentes pesos. Además de las técnicas con los brazos, se agregan desplazamientos y juegos de piernas a los ejercicios.

Karlakattai es el nombre Tamil de las Clavas

"Indian Clubs": La versión Británica conocida en Occidente

Por último, debemos mencionar la versión inglesa de estas técnicas conocidas como "Indian Clubs" o "Regulation Clubs". Basados en el Jori, pero notablemente más pequeños y livianos. Esta adaptación surge a partir de la "apropiación" de esta práctica por parte del ejército británico [despojándola de toda su cultura original, típico accionar colonialista], durante la ocupación de la India, en tiempos de la East India Company [1600-1874].

Al modificar el peso y el tamaño, fue posible adaptar los movimientos circulares de la Gimnasia Sueca de Ling y realizarlos sosteniendo estas clavas.

Esta es la versión que se implementó primero en el régimen militar británico, con la intención de mejorar la salud y estado físico de sus soldados. Luego, a partir de las publicaciones de Donald Walker ["British Manly Exercises" – 1834] y de muchos otros autores, fue comercializado como ejercicio para la salud entre las clases más pudientes, que comenzaban a sentir las consecuencias de una vida sedentaria. Así, las "Indian Clubs" se convirtieron en una de las herramientas de las "Artes Restaurativas" (también conocidas como "Ortopedia" y "Gimnasia Remediadora", antecesores de lo que hoy conocemos como "Fisioterapia").

Para 1860, el uso de "clavas indias" tanto para la salud como para el desarrollo de un "físico privilegiado" era tan popular, que incluso se puso de moda en los Estados Unidos. En primer lugar, a partir de los clubes de gimnasia alemana, conocidos como "Turnverein" y luego, de la mano de Simon D. Kehoe y su libro "The Indian Club Excercise" [1862], montado en los ideales conocidos como "Cristianidad Musculosa".

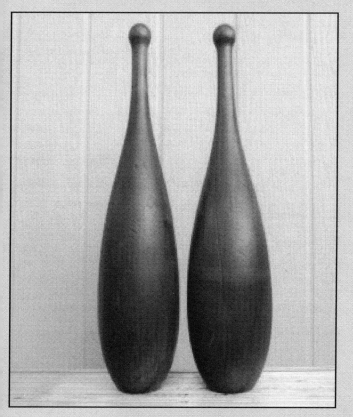
Clavas occidentales.

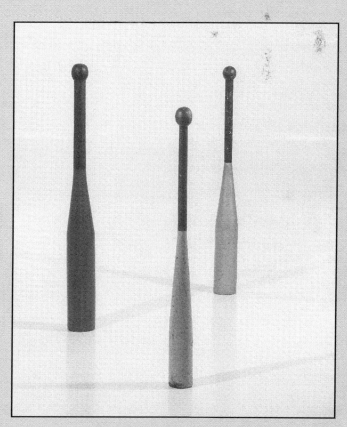
Clubbells modernos de hierro.

FABRICA TU PROPIA CLAVA 1
Herramientas cotidianas

Para comenzar la práctica, yo priorizaría la movilidad de las articulaciones responsables de la mayoría de los ejercicios. Para este fin, no necesitaremos realmente una clava de madera o una clava pesada de hierro. CUALQUIER objeto de forma similar puede reemplazar a una clava. Obviamente que la disposición del peso y la forma difícilmente sean la misma, pero nos servirá igual para cumplir un primer propósito de con respecto a:

1. Movilidad.
2. Adaptación de los tejidos.
3. Aprendizaje de las técnicas fundamentales más básicas.

Además, en muchos países de Latinoamérica es realmente difícil tener acceso a materiales importados de primera calidad e incluso a un tornero o fabricante especializado. Por eso, también incluyo varios apartados de "fabrica tu propia clava" que serán de ayuda a la realidad de muchos países.

ALGUNAS IDEAS

1. Botellas (vidrio o plástico): las botellas tienen una forma muy similar a una clava pequeña inglesa. Cuidándose siempre de la fragilidad de una de vidrio y de su material y de los rozamientos con los picos en el caso de las de plástico.

2. Palos/caños/hierros: Un palo de madera grueso puede hacer las veces de clava. Con él podremos trabajar tanto las técnicas como la movilidad. Cualquier tipo de caño servirá para el mismo fin y si es de hierro, tendrá un peso agregado.

3. Clavas de malabarismo: pueden ser clavas de plástico baratas (incluso de tipo cotillón) que con un poco de ingenio podremos rellenar también con algún material.

4. Kettlebells y mancuernas: el kettlebell puede adaptarse a casi todo los movimientos de las clavas, con el único déficit que no tendremos tanto brazo de palanca por la poca longitud de la pesa. Una mancuerna con un solo disco en una punta es una opción válida.

5. Clavas caseras de PVC: en este manual te mostraré varios modelos livianos, que se pueden construir con caños de pvc y un poco de pegamento.

6. Clavas caseras de caños de hierro: También con caños de hierro para gas o agua, podremos fácilmente construir clavas, enroscando las piezas entre sí, como veremos en esta manual.

7. Clavas caseras de cemento: con un poco más de trabajo y algún detalle, podremos construir clavas con forma similares a las reales pero de cemento, también vistas al final del manual.

CAPITULO I
HISTORIA . LA VERDAD DETRAS DE LAS CLAVAS

El origen de lo que hoy llamamos clavas, se remonta a las antiguas culturas indo-persas. Para comprender el origen de la práctica con el elemento que hoy denominamos "clava", debemos remontarnos miles de años atrás a las antiguas culturas Persas e Indias.

La lucha y sus métodos para preparar el cuerpo para el combate, han sido de vital importancia durante miles de años en la cultura India. Estas prácticas, son mencionadas por primera vez en los textos clásicos sánscritos, Mahabharata [महाभारत] y Ramayana [रामायणम्]. Sin embargo, no es hasta la publicación de Manasollasa [मानसोल्लास] en el siglo 12, y luego de Malla Purana en el siglo 13, que dichas prácticas son descritas con mayor detalle. En este último, se describen las diferentes disciplinas de Malla Yuddha [मल्लयुद्ध] el sistema de combate tradicional del subcontinente Indio. Allí, se especifica el uso del "Gada" (ancestro de lo que hoy conocemos como "macebell") para el desarrollo de la fuerza.

En estos textos, el "Gada" está cargado de un profundo simbolismo cultural, tanto religioso como militar, y es utilizado tanto por mortales, como por ejemplo el Rey Bhima, así como por dioses o semidioses, como es el caso de Vishnu y el famoso Hanuman.

Paralelamente, en la cultura Persa, encontramos el desarrollo de la práctica de Varzesh-e Bastani [ورزش باستانی], un sistema de entrenamiento bélico del que también encontramos registro en antiguos relatos épicos del Gran Irán como Shahnameh [شاهنامه - "El Libro de Los Reyes"]. De la misma manera que en la India, encontramos aquí héroes míticos como el famoso Rostam, al que se le adjudica el origen de esta práctica. Varzesh-e Bastani consta de varias disciplinas, una de ellas es el entrenamiento con "Mills" [میل], siendo estas las originales "Clavas".

VARZESH-E BASTANI

Varzesh-e Bastani, cuya traducción es "Deporte Ancestral", originalmente conocido como Varzesh-e Pahlavani, traducido como "Deporte de Héroes", es un sistema de entrenamiento físico tradicional de origen Iraní. Originalmente utilizado para entrenar a guerreros, Varzesh-e Bastani combina las artes marciales, calistenia, entrenamiento de la fuerza, espiritualidad, ética, devoción religiosa, literatura, arte y música. Fusionando elementos de la cultura Persa, preislámica (Zoroastrismo, Mitraísmo y Gnosticismo) con la espiritualidad y el código ético del Islamismo Chiita y el Sufismo. Varzesh-e Bastani se practica en un edificio con forma de domo, llamado "Zurkhaneh", cuya traducción sería "Casa de la Fuerza".

Las raíces de esta práctica se remontan a los tiempos del famoso poeta persa Abul-Qâsem Ferdowsi Tusi y su epopeya nacional "Shahnameh", comúnmente conocida como el "El Libro de los Reyes". La historia de Varzesh-e Bastani es descrita con mayor detalle, al separar su patrimonio cultural en 4 épocas: La Mística, La del Imperio Parto, La Islámica y la Contemporánea.

La época Mística, comienza en el año 1065 a.C y es descrito en profundidad en el "Shahnameh". Allí, se cuentan las historias de los míticos héroes persas, incluyendo al guerrero sagrado conocido como Rostam y su hijo, Sohrab. Muchas de las batallas ilustradas en el "Shahnameh", son "Pruebas de Fuerza", mayormente enfrentamientos de combate cuerpo a cuerpo.

La época del Imperio Parto [238 a.C - 224 d.C], fue el periodo durante el cual los Partos expulsaron a los Griegos del territorio de Irán de forma definitiva. Los Partos eran conocidos por su valentía y durante este período, la religión del Mitraísmo alcanzó su apogeo. Muchos de los rituales en el Varzesh-e Bastani de hoy en día, son muy similares a los del Mitraísmo y la palabra "Pahlavan", que podemos traducir como "Campeón" o "Héroe", proviene de este período.

La época Islámica [650-1450], marca el ascenso del Islam en Irán. Durante este período, la práctica de Varzesh-e Bastani se ve fuertemente influenciada por esta religión y suplementa la devoción por la fortaleza física, propia del Mitraísmo, con la espiritualidad y valores filosóficos del Islam.

La época Contemporánea comienza en el siglo XIX y continúa hasta nuestros días. Durante el reinado de Naser-e Din, Shah of Qajar [1848-1896], la práctica de Varzesh-e Bastani, alcanza su máximo esplendor. Durante este período, muchos Zurkahneh fueron construidos tanto en la capital Iraní, Teherán, como en el interior del país. Fue también durante su reinado, que se celebraban las competencias anuales de Lucha Tradicional, en busca del "Pahlavan De Irán". El ganador de la competencia, era oficialmente galardonado con un brazalete y reconocido como "Heroe Nacional" durante 1 año. Esta celebración, que se realizaba cada 21 de marzo, es decir durante el Año Nuevo Iraní (Nouruz, el equinoccio de primavera) eran conducidas frente a la mirada del Shah, quien entregaba el premio personalmente al ganador.

El lector quizás ya ha notado que hay ciertos períodos de tiempo que han sido "salteados" en esta línea histórica. Durante muchos años y debido a diferentes circunstancias, la práctica de Varzesh-e Bastani fue relegada a la práctica en secreto o simplemente no eran prioridad cultural en ese momento, por lo cual los registros en esos períodos son prácticamente nulos. Sin embargo, esta cultura fue siempre conservada y transmitida de forma vernácula, por sus practicantes.

El aspirante a ser miembro de un Zurkhaneh podía ser cualquier persona del sexo masculino, de cualquier clase social o religión. Antes de tener permiso para sumarse a la práctica, el aspirante debe presentarse en el recinto durante un mes y simplemente observar. Un dato interesante, es que los practicantes no deben pagar por su instrucción; el dinero para la mantención de las "Casas de La Fuerza", es obtenido a través de la ayuda del gobierno o de las donaciones de los habitantes del barrio en el que este se encuentre. En retribución, los integrantes del Zurkhaneh realizan servicio comunitario y protegen a los vecinos.

Todas las disciplinas que los antiguos Iraníes practicaban en el campo de batalla se encuentran presentes en el Zurkhaneh. A través de movimientos simbólicos, representando el arte de la guerra, encontramos ejercicios militares que emulan al arco y la flecha, el uso de la maza de guerra, el escudo, la espada y la lucha cuerpo a cuerpo. Todos estos movimientos se realizan en un orden específico, se disponen en secuencias y son siempre acompañadas por el ritmo del tambor [llamado tombak o zarb]. El líder del grupo, recita poemas que dan instrucción a los demás practicantes acerca de la correcta ejecución de los movimientos, dan consejos sobre la buena conducta y la moral, o cuentan historias sobre las proezas de los antiguos héroes, para animar a los atletas a resistir el duro entrenamiento.

Los instrumentos para realizar los ejercicios son:

- Sang Giri («piedra» en persa), un instrumento de madera utilizado para reemplazar un escudo.
- Mill, la "clava persa", el modelo original del cual derivan todas las clavas.
- Kabbadeh, un instrumento de metal y madera, en forma de arco.
- Takht-e Shena, barra de madera para hacer flexiones de brazos (lagartijas).

Además, se practica el Charkh y el Pazadan, ejercicios muy similares a los realizados por los Derviches Sufíes, que consisten en golpear el piso rítmicamente con los pies y ejecutar giros en el aire de manera consecutiva, por un período extendido de tiempo.

Todas las sesiones de Varzesh-e Bastani culminan con la práctica de Koshti Pahlavani, la "Lucha Libre" tradicional persa.

HEINRICH CLIAS

Phocion Heinrich Clias (1782 - 1854) fue un profesor de gimnasia acrobática, uno de los pioneros de la educación física en Suiza y el primero en utilizar el término "Indian Clubs", en su libro "Curso Elemental sobre Ejercicios Gimnasticos" en 1825".

P. H Clias nació en Boston, Massachusetts, en 1782. Su padre, de origen suizo, envió a Henry a estudiar a Holanda. Sin embargo, Clias nunca terminó sus estudios ni regreso a los Estados Unidos. En cambio, dedicó su energía a la actividad física y el entrenamiento de la gimnasia, un movimiento cultural que comenzaba a crecer rápidamente en la Europa de ese momento, de la mano de pioneros de la Educación Física, como los alemanes Friedrich Gutsmuths y Friedirch Ludwig-Jahn.

Fue así que para 1810, P.H Clias se dedicaba profesionalmente a dar clases de gimnasia en diferentes instituciones en Bern, Suiza. En 1816, publica su primer libro "El Arte de La Gimnasia" y funda la "Asociación Académica de Gimnasia de Bern" por lo cual se lo reconoce como uno de los "Padres de la Educación Física Suiza".

Tras su éxito en Suiza, viaja a Inglaterra en 1818 y es designado por la "Real Escuela de la Armada y la Marina Británica" como "Superintendente de Ejercicios Gimnásticos". Así, Clias pasa de dictar clases a civiles, a reformar el entrenamiento militar de uno de los más poderosos ejércitos del mundo. Es durante este período, que publica su libro "Curso Elemental Sobre Ejercicios Gimnásticos" [1825] en el que incluye un capítulo sobre "entrenamiento con clavas". Allí, por primera vez se utiliza el término "Indian Clubs", el cual perdura incluso hasta nuestros días.

Más tarde, regresa a Suiza y continúa su carrera como promotor de la actividad física en las instituciones educativas. Incluso, durante la primera mitad de 1840 viaja a Francia repetidas veces, donde funda una escuela de Gimnasia y Cultura Física.

P. H Clias falleció en Bern, en 1854, a la edad de 72 años.

Los antiguos practicantes del Zoroastrismo, creían que el desarrollo de la fuerza física y mental podían ser utilizados como vehículo para aumentar la espiritualidad. De esa manera, más allá de entrenar a los guerreros, esta práctica promueve la amabilidad y la humildad, a través del cultivo de la fuerza física. Bajo la supervisión de un maestro, los estudiantes son instruidos en la ética tradicional y la caballerosidad. Los participantes deben ser puros, honestos, de buen temperamento y recién luego, fuertes físicamente. Para adquirir el rango de "Pahlevan", se requiere la maestría de las habilidades físicas, la observancia de los principios religiosos y atravesar los diferentes niveles morales del Gnosticismo. Un ejemplo de estas enseñanzas puede ser ilustrado a través de este verso, el cual es recitado a menudo durante la práctica de Varzesh-e Bastani: "Si deseas el conocimiento, primero aprende a ser modesto. Los ríos no desembocan en las montañas".

Como consecuencia de la Invasión Mogol a Persia (1256 DC), muchos practicantes de Varzesh-e Bastani emigraron hacia el norte de la India. Fue así que ambas culturas físicas se comenzaron a amalgamar. Luego, en 1526, la dinastía Mogol (la cual previamente se había fusionado en parte, con la dinastía Safavid en Persia) toma control de gran parte del subcontinente Indio. De esta manera, los métodos de entrenamiento físico y lucha persas, influyen de manera determinante a la lucha india, sobre todo en el norte de la actual India y Pakistán. Es por eso, que términos de origen persa, como Koshti (lucha cuerpo a cuerpo) y Pahlevani (héroe luchador) se convierten en Kushti y Pehlwani en la India. Como podemos ver, estas dos culturas físicas se encuentran íntimamente relacionadas.

Durante este periodo, la imagen de las "clavas" comenzó a tener un significado político, ya que los príncipes que dominaban ciertos territorios, comenzaron a "apadrinar" luchadores en sus palacios para que realizaran demostraciones de fuerza. Estos atletas, hacían las veces de "metáforas musculadas" y recorrían la India compitiendo en representación de sus príncipes. De esta manera, los diferentes estados podían "probar" su superioridad sobre los demás de forma simbólica, sin necesidad de enfrentarse a duras y costosas guerras. Casi a un milenio de distancia, podemos ver como la práctica del ejercicio físico, la preparación para el combate real y las exhibiciones de fuerza, ya estaban íntimamente relacionadas.

Luego, a comienzos del siglo 17, con la llegada del Imperio Británico y la Compañía de las Indias Orientales, se encuentran por primera vez la cultura física del subcontinente Indio, con las costumbres europeas. Es así, que los colonialistas británicos experimentan por primera vez, este tipo de práctica del ejercicio físico diario y sistematizado.

Uno de los problemas más grandes que tuvieron los británicos durante la ocupación del territorio Indio, fue el mantenimiento de la salud y el estado físico de sus soldados. Fue así, que decidieron adoptar ciertas costumbres locales respecto a la medicina, la alimentación y en particular, el régimen de entrenamiento que las tropas nativas practicaban diariamente, ya que efectivamente, contaban con una sorprendente salud y fuerza física.

De esta manera, militares británicos que se encontraban estacionados en la India, comienzan a aprender y participar activamente de las prácticas marciales practicadas por las tropas nativas al servicio de la corona. Eventualmente, alcanza tal popularidad entre las tropas británicas, que las autoridades deciden tomar las riendas del asunto, ya que desde su perspectiva colonialista, estaba muy mal visto darle prioridad a este tipo de entrenamiento por sobre las costumbres y el régimen estipulado en los "Manuales de Entrenamiento del Ejército Británico".

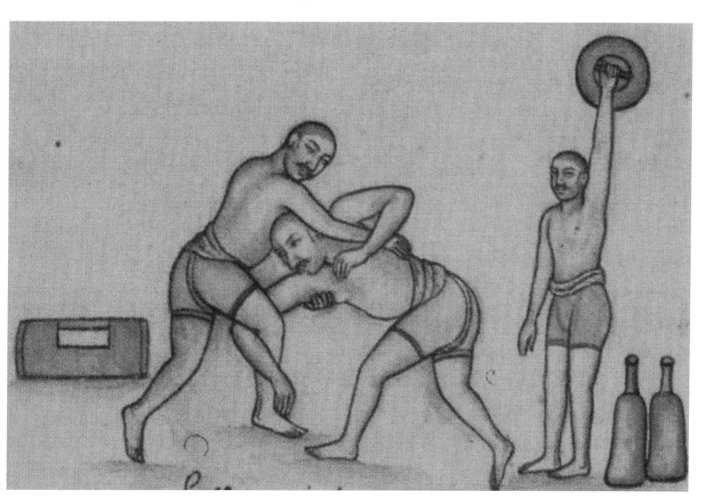

La manera de "adoptar" estas costumbres sin alterar el orden colonialista fue la "apropiación cultural". Una vez despojadas de todo tipo de contenido cultural o religioso, el uso de clavas como una forma funcional de "ejercicio correctivo" fue introducida en el protocolo de entrenamiento del ejército británico. Para 1824, Henry Torrens, el General Adjunto de las Fuerzas Armadas Británicas, recomienda las "clavas de madera" para "flexibilizar al recluta, expandir su pecho y darle libertad a sus músculos"; en 1825, el Superintendente de Ejercicios Gimnásticos de la Armada y la Marina Británica, Peter Heinrich Clias, en su libro "Curso Elemental de Ejercicios Gimnasticos" no solo lo recomienda para sus tropas, sino también para el público en general. De hecho, es en este libro que se menciona a este elemento por primera vez bajo el nombre de "Clavas Indias".

Para 1830, el uso de clavas para el desarrollo de las cualidades físicas, era algo común en el ejército británico; esto puede ser comprobado en el famoso libro de

HANUMAN, EL DIOS MONO QUE INSPIRÓ A DRAGON BALL

En los akharas, los gimnasios donde se practica la lucha Kushti y los ejercicios con Jori, el simbolismo los hace trascender los límites de un simple espacio para la actividad física; los luchadores pahalwans lo consideran un templo dedicado a Hanuman, El Rey Mono.

Hanuman, es una de las deidades más importantes del panteón hindú. Es considerado una manifestación del dios Shiva. En el famoso texto de Ramayana, Hanuman es el fiel compañero del Rey-Dios Rama (uno de los diez avatares de Visnú), ayudándolo en su expedición en contra del ejército liderado por el demonio Rávana.

A Hanuman se le distingue particularmente por su gran fuerza física y su carácter virtuoso. Generalmente es representado portando una Gada, el mazo de guerra tradicional de

la India, de donde proviene lo que hoy conocemos como "Macebell". También se le considera un erudito que domina las seis escuelas de gramática, los cuatro Vedas y los seis Shastras. El Dios Mono no se jacta de lo mucho que sabe; es la expresión misma de la humildad.

Se dice que es a partir de esta deidad hindú, que aparece en la china el personaje de Sun Wu-Kong, adaptación budista del Rey Mono.

Sun Wu-Kong (en chino tradicional: 孫悟空 simplificado: 孙悟空 pinyin: Sūn Wùkōng) conocido como el Rey Mono, es el protagonista de la épica novela clásica china, "Viaje al Oeste". La novela narra su existencia desde su nacimiento y cuenta sus aventuras al acompañar al monje Xuanzang, para recuperar los sutras budistas de la India.

Es fácil reconocer las semejanzas entre las historias de Hanuman y Sun Wu-Kong, pero también es muy obvia la semejanza entre el nombre chino del rey mono y el del protagonista de la mundialmente famosa obra de Akira Toriyama: Dragon Ball.
Son Goku está claramente inspirado en Hanuman. Al igual que Sun Wukong, el saiyajin tiene una cola y un báculo sagrado.

En ambos casos está presente la figura de un primate y el héroe, sobre todo de niño, podía transformarse en Ozaru, que no es más que un mono gigante.
Sun Wukong tenía una fuerza increíble y siempre le acompañaba su Ruyi Jingu Bang, que pesaba 8100 kg. Este era un bastón de hierro, que podría cambiar de tamaño y forma de acuerdo a los deseos de su poseedor, como ocurría con el Báculo Sagrado de Goku.

Otra de las habilidades de Sun Wukong era poder transformarse en otros animales y otras personas, aunque esto último no funcionaba muy bien y solía quedar con cuerpo humano, pero cola de mono. Al igual que Goku al principio de Dragon Ball.

Sun Wukong, también era capaz de caminar entre las nubes y dar saltos muy altos. Akira Toriyama le dio a Gokú la capacidad de volar entre las nubes usando su nube voladora.

Las aventuras del Rey Mono, inspiraron a los antiguos practicantes de la lucha, miles de años atrás en India y varios países de Asia. Hoy, estas historias y simbolismo se continúan, atravesados por la cultura pop actual, en personajes entrañables como Son Goku y la legendaria saga de Dragon Ball.

Donald Walker "British Manly Exercises", en el cual un capítulo entero es dedicado a esta práctica, "adoptada por el ejercito".

En este contexto, el uso de clavas como forma de entrenamiento, fue de fácil asimilación para la sociedad inglesa victoriana. Para los médicos, se trataba de un instrumento para mantener la salud y prevenir la enfermedad. Para los oficiales del ejército, una manera de generar soldados más fuertes. Finalmente, para el público general, una de las varias herramientas para desarrollar las capacidades físicas. Como este elemento fue introducido en la sociedad desde diversos ángulos y sin mencionar sus orígenes o las circunstancias militares y civiles que sucedían durante la colonia, las clavas fueron presentadas como un objeto neutral y banal, que servía una función importante en el cuidado de la salud.

KARLAKATTAI

Karlakattai es una práctica holística para el cuidado de la salud y el fortalecimiento físico, desarrollado por la etnia Tamil, nativos del sur de la actual India y la actual Sri Lanka.

Íntimamente relacionado con el arte marcial nativo, llamado Silambam, este estilo de entrenamiento con clavas, es quizás el que se ha conservado y sistematizado con mayor detalle. Si bien Silambam fue estrictamente prohibido durante la colonia británica y sus maestros perseguidos, encarcelados o asesinados, algunos de ellos lograron sobrevivir y continuaron practicando y enseñando en secreto, a miembros de su familia. Así, la práctica de Karlakattai llega a nuestros días de forma organizada y con sistemas de entrenamiento muy específicos.

Existen 6 tipos diferentes de clavas en Karlakattai, cada una de ellas está diseñada para una función particular y son utilizadas por diferentes miembros de la comunidad, dependiendo de su trabajo en la sociedad. Originalmente, ninguna de estas clavas tiene una medida o peso estandarizado, sino que se diseñan según las proporciones físicas de cada practicante, al momento de comenzar a entrenar.

Se acostumbra dividir el peso corporal del practicante por 8 y luego, ese peso en 2 para los hombres y en 3 para las mujeres. De esta manera, por ejemplo, un hombre de 80 kg comenzaría a practicar con una clava de 5 kg.

1. Kai Karlai (Clava de mano): Esta clava es la más liviana, es usada para entrenar a los guerreros que utilizan espadas, cuchillos o arco y flecha, desde una temprana edad. Su práctica se realiza con diferentes juegos de piernas o mientras se camina, al tiempo que se utiliza un tipo particular de respiración (pranayama).

2. Kushti Karlai (Clava de los Luchadores): Esta clava es muy similar a la Persa y como su nombre lo indica, está basada en la utilizada por los luchadores persas y del norte de la india. Es utilizada para entrenar a los guerreros y luchadores y los movimientos son prácticamente los mismos que se realizan en el entrenamiento de Kusthi Pelhwani y Varzesh-e Bastani.

3. Thoppai Karlai (Clava de Abdomen): la longitud de esta clava debe medir un poco más que la mitad del largo del brazo del practicante, mientras que su base, debe ser un poco mayor que la circunferencia de su cintura. Esta clava es pesada y está diseñada para fortalecer la zona media. Es utilizada para fortalecer a los granjeros y aquellos que deben realizar tareas físicas pesadas. Se practica en series de pocas repeticiones, al tiempo que se utiliza una respiración especial (pranayama).

4. Buja Karlai (Clava de Brazos): Esta clava es corta pero pesada y es utilizada para entrenar a los marinos, pescadores, conductores de carruajes, escaladores y constructores. Básicamente, aquellos que precisan brazos verdaderamente fuertes.

5. Pudi Karlai (Clava del Grip): Esta clava especial, es utilizada para el entrenamiento de la fuerza de agarre, en el contexto de "Pudi Varisai", el sistema de agarres, palancas y estrangulamientos del arte marcial tradicional tamil (Silambam).

6. Padi Karlai (Clava de la Mujer): clava utilizada especialmente por las mujeres. En la comunidad Tamil antigua, las mujeres realizaban tareas físicas pesadas, como

cortar leña, moler granos, cosechar, la confección de herramientas para el trabajo y armas para la guerra. Esta clava esta diseñada para desarrollar la fuerza en las muñecas, brazos y hombros.

En Karlakattai, existen 64 tipos de "suttrus" (rotaciones), cada una de ellas posee 5 variantes diferentes y diversas aplicaciones. Una de las diferencias entre este estilo de entrenamiento con clavas, con respecto a las del norte de la India y las de Persia, es que no se utilizan dos clavas al mismo tiempo, sino 1. De los 64 ejercicios, 10 se realizan con ambas manos sobre una sola clava y el resto, a una mano, alternando el brazo que la sostiene. Esto provee un nuevo desafío y abre la posibilidad a diferentes patrones de movimiento, que no serían posibles utilizando dos clavas pesadas en simultáneo. Asimismo, muchos de los ejercicios se combinan con juegos de piernas, desplazamientos, y diversos tipos de sentadillas.

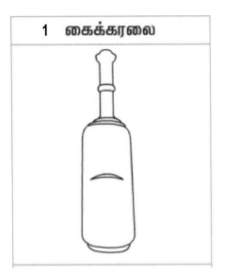
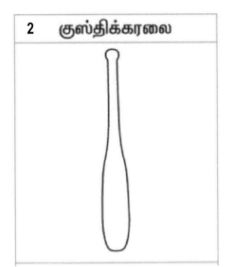
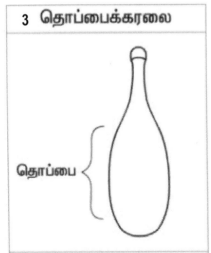

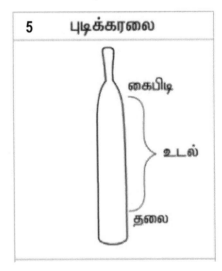

LUCHA PEHLWANI

La lucha Pehlwani, también conocida como Kushti, es un estilo de lucha practicado en el Subcontinente Indio.

Su origen se remonta al antiguo arte marcial Indio, conocido como Malla-Yuddha. Se dice que esta ancestral forma de combate, data del 5to milenio antes de Cristo, aunque se cree que tuvo su apogeo durante el siglo II A.C.. Descrita con cierto detalle en el tratado de "Malla Purana" [1300 d.C], las características principales de sus 4 estilos son:

- Los lances del estilo de Hanuman, el Rey Mono, protagonista de la saga Ramayan.
- Las llaves y trabas de Jambavan, el Rey Oso, quien luchara cuerpo a cuerpo contra Krishna durante 21 días.
- Las técnicas para romper articulaciones de Yarásandha, el Rey Demonio.
- El brutal desarrollo de la fuerza física de Bhima, el gran guerrero Pandav, hermano de Arjuna.

En la antigüedad, los combates de lucha se disputaban hasta la muerte. Con el pasar de las centurias, estos encuentros fueron modificados y se convirtieron en una suerte de deporte competitivo. Se implementaron reglas para el cuidado de la salud física de los participantes, las técnicas más peligrosas fueron prohibídas y métodos formales de entrenamiento fueron establecidos.

Sin embargo, en el siglo XVI, como ya hemos mencionado anteriormente, el norte de la India fue conquistado por el Imperio Mogol, de descendencia Turco-Mongola y con importantes lazos políticos con Persia. A través de la fuerte influencia de la Lucha Persa y la Lucha Mongola, con el pasar del tiempo, el estilo local de Malla-Yuddha fue suplantado por el Koshti Persa. De todos modos, los aspectos religiosos y culturales asociados a Malla-Yuddha, sí fueron conservados por sus practicantes, en el contexto de los Ahkaras (recinto donde se practica la lucha). Los luchadores (llamados "pehlwan"), mantienen un estricto régimen de entrenamiento, alimentación y código de conducta. Deben ser vegetarianos, cocinar su propia comida, cuidar el recinto de práctica y ser célibes.

Durante el siglo 17 y 18, la Lucha Tradicional de la India gozó de gran popularidad. El famoso poeta y compositor, Bhadrachala Ramadasu, recorrió el país alentando a los practicantes de la religión Hindú a dedicarse a la actividad física en homenaje al gran dios Hanuman, "el Rey Mono" [Cabe destacar, que esta figura religiosa Hindu, es conocida como Sun Wu Kong en China, popularizado en la novela épica "Viaje al Oeste" y del cual deriva el famoso protagonista del manga y anime Dragon Ball, Son Goku].

Al mismo tiempo, los príncipes que gobernaban las diferentes regiones, ofrecían grandes sumas de dinero a los luchadores que ganaran torneos de Kushti en su nombre. Así, prácticamente todos los niños en estas regiones, practicaban la lucha en búsqueda de un mejor futuro. Estas tradiciones se continuaron en los encuentros

EL GRAN GAMA

Amritsar, Punjab. India Colonial, actual Pakistán. [1878-1960].
El Gran Gama, fue un renombrado luchador del estilo Pelhwani que permaneció invicto durante toda su carrera. Su condición física era tan excepcional que alcanzó un estatus de leyenda. En el subcontinente de la India, se convirtió en un ícono de la resistencia contra el colonialismo europeo.
Bruce Lee fue un ávido seguidor de la rutina de entrenamiento de Gama. Habiendo leído sobre los ejercicios con los cuales había desarrollado su legendaria fuerza como luchador, Bruce incorporó algunos de estos métodos a sus rutinas.

de lucha conocidos como Mela, incluso en tiempos de la colonia británica. Estos encuentros, no solo mantuvieron viva la tradición de la lucha pelhwani, sino que también fueron espacios de encuentro para los activistas políticos nativos, que se organizaban para luchar contra la opresión de sus colonos. Es en ese contexto, que grandes leyendas de la lucha como Karim Bux y el Gran Gama desarrollaron sus habilidades y consiguieron fama internacional.

Como podemos ver, la cultura de la lucha en la India, cuenta con una verdadera extensa tradición y muchos atletas provenientes de la lucha Pelhwani se han convertido en luchadores profesionales, alcanzando medallas de oro, plata y bronce en los Juegos Olímpicos, desde 1962 hasta nuestros días, tanto en Lucha Libre como Greco-Romana.

La Lucha Pelhwani se practica en recintos llamados Akharas. Si bien podrían ser percibidos como un "gimnasio", estos recintos son en realidad lugares sagrados, dedicados al dios Hanuman. Todos ellos poseen un altar dedicado al Rey Mono y los luchadores presentan sus respetos rezándole antes de comenzar y al finalizar la práctica.

Los luchadores se dedican de tiempo completo, el entrenamiento es brutal

y la dieta y códigos de conducta son muy estrictos. La lucha pelhwani es realmente un estilo de vida. Ellos consideran que es su deber mantener el recinto en buenas condiciones, al tiempo que nutren su cuerpo y su mente para estar en la mejor forma para la lucha. Desde muy temprana edad, son entrenados en los detalles del Kushti, ya que la gran mayoría proviene de familias de luchadores y el conocimiento se pasa de gene-ración en generación. Dentro del recinto, todos los asuntos terrenales son dejados de lado: dinero, familia, casta y religión no tienen importancia dentro del Akhara. En este contexto, el desarrollo del cuerpo físico es muy importante, pero a diferencia de por ejemplo, el físico-culturismo, no se hace énfasis en cómo se ve su cuerpo, sino en lo bien que funcione.

Los entrenamientos comienzan en la madrugada, los luchadores se despiertan y luego de asearse, comienzan el día corriendo varios kilómetros y realizando una brutal rutina de flexiones de brazos especiales (Dands) y sentadillas profundas (Baithaks).

Luego, deben preparar el arenero. Para esto, llevan un rastrillo como lastre y recorren la zona de práctica interminables veces. También, utilizan una azada de unos

20 kg (llamada "pharsa") para remover la arena, de manera tal que las caídas durante la lucha sean más suaves. Esta primera parte, es parte fundamental del entrenamiento; claramente, ejercicios de transporte e integración de la zona media.

Acto seguido, se dedican unas 3 horas a la lucha cuerpo a cuerpo, alrededor de 25 combates en la primera sesión del día.

Al terminar, es momento de comer en abundancia, siguiendo una estricta pero abundante dieta vegetariana, basada en las cocina ayurvédica, que consiste en su mayoría de frutos secos, diferentes tipos de granos, ghee (manteca clarificada) y leche.

Después de un descanso, los luchadores vuelven al recinto para el segundo turno, donde se dedican al acondicionamiento físico con el uso de la Gada (conocida hoy en

LA GRAN EXPOSICIÓN DE 1851 Y LA EXPOSICIÓN DEL IMPERIO INDIO Y CEILÁN [1895-1896]

Incluimos estos dos peculiares eventos dentro de este libro, debido a la gran influencia cultural que tuvieron en la sociedad británica. En ambos casos, el entrenamiento con clavas fue presentado ante un exorbitante número de personas. En el primero, como parte del movimiento de la "cultura física y la salud" y en el segundo, como simple entretenimiento visual.

Es importante también recordar, que estos grandes eventos sirvieron en realidad como propaganda para el Imperialismo Británico y la explotación de sus colonias en todo el mundo, manipulando la opinión pública británica para que siguieran aceptando, normalizando y apoyando la narrativa colonialista.

La Gran Exposición de los Trabajos de la Industria de todas las Naciones (Great Exhibition of the Works of Industry of all Nations) es el nombre con que se conoce la primera Exposición Universal, celebrada en 1851 en Londres. En ella, el Imperio Británico exhibió maquinaria, productos manufacturados, esculturas, materias primas y todo tipo de productos y actividades, derivadas de la creciente industrialización impuesta en todas sus colonias. Su apertura, el 1 de mayo, en Hyde Park, fue realizada dentro de una maravilla de la arquitectura: el famoso 'Palacio de Cristal' (Crystal Palace).

Como base de esta exposición, se encontraba la fe en el conocimiento científico. La ciencia estaba produciendo nuevos y poderosos cambios en la manera de producir y de ver la vida, lo que cambiaba así mismo el pensamiento. Las ciencias como la física, la psicología, la antropología y la sociología, comenzaron a tener más adeptos para su estudio, lo que propició cambios y descubrimientos en la aplicación de nuevos conocimientos científicos.

Este evento tiene importancia dentro del contexto de este libro. La exhibición estuvo abierta al público durante 6 meses y más de 6 millones de personas fueron a visitarla. La actividad física y su relación día en occidente como "macebell"), el entrenamiento con Jori (Clavas Pesadas) y los levantamientos de "Nal", un elemento similar a un kettlebell de piedra; también, repiten las flexiones de brazos y sentadillas usando el "Gar Nal", un anillo de piedra que se coloca en el cuello y cumple la misma función que un "chaleco con peso". Luego, subidas a la soga y ejercicios de transporte, llevando un compañero en las espaldas.

Como si esto fuera poco, dedican otras 2 horas a la lucha libre, antes de volver a comer y prepararse para descansar. Antes de las 8 de la noche, los luchadores ya deben ir a la cama, para repetir el duro entrenamiento al día siguiente.

Uno de los eventos socio-políticos más importantes durante la colonia británica en el subcontinente Indio, fue la Rebelión de los Cipayos de 1857. La relación entre las tropas nativas al servicio de la Corona Británica y las conformadas por ingleses, siempre fue tensa.

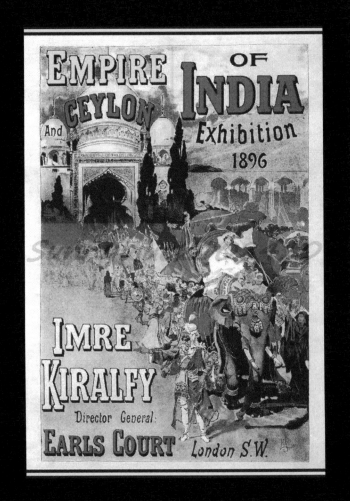

con la salud, junto a el desarrollo del equipamiento para practicarla, tuvo su lugar en esta inmensa exhibición. Así, la práctica del entrenamiento con clavas fue exhibida de forma diaria en este importantísimo evento internacional, dándole legitimidad como ejercicio físico.

La Exposición del Imperio Indio y Ceilán, tuvo lugar en el "Earl's Court" de Londres, en 1895 y 1896. Se levantaron grandes escenografías, representando tanto el pasado como el presente de las diferentes zonas de estos países, su cultura y costumbres. Sin embargo, el mensaje de trasfondo, era que "La India Moderna, era producto del ingenio y la paciencia británica", mostrando las tradiciones del subcontinente Indio como antiguas, raras, exóticas e incluso ridículas. De todas formas, se estima que unas 12 millones de personas visitaron esta exposición entre los 2 años y allí, un grupo de especialistas en entrenamiento con Jori (Clavas Pesadas) demostró sus habilidades, acercando nuevamente este tipo de ejercicios (y los poderosos físicos que derivan de su práctica) a la gente.

Con el pasar de las décadas, la explotación y el abuso sufrido por las tropas nativas (conocidos como "cipayos") se había intensificado de forma tal, que dió como resultado una feroz rebelión que terminó en tragedia. El ejercito inglés destruyó varias ciudades y asesinó a miles de nativos. Fue a partir de esta masacre, que la relación entre ingleses y nativos cambió drásticamente, y separó de forma definitiva la forma "tradicional" de ejercitarse con clavas, de la la forma "británica".

Una vez que se restableció "la paz", las clavas dentro del ejercito británico en India, pasaron a llamarse "Clavas Reguladoras" y eran utilizadas especialmente para someter a las tropas conformadas por nativos (pero al servicio de la Corona Británica) a brutales ejercicios de "simulacro militar", hasta quebrar su voluntad. Cabe destacar, que estas "Clavas Reguladoras", no se parecían al tradicional Jori. Eran mucho más pequeñas y livianas y los ejercicios utilizados eran adaptaciones de los movimientos de la "Gimnasia Sueca de Ling" pero que al ser practicados por períodos excesivos de tiempo, al rayo del sol o bajo intensas lluvias, resultaban extenuantes.

GHOLAMREZA TAHKTI

NOMBRE: Gholamreza Takhti [غلامرضا تختی]

ALIAS: Jahān Pahlevān "Campeón Mundial" [جهان پهلوان en Persa].

ORIGEN: Teherán, Irán.

PERIODO: MODERNO [1930 – 1968].

ESPECIALIDAD: Lucha Tradicional Persa – Lucha Libre Olímpica.

HABILIDAD DESTACADA: Javānmardi [comportamiento honorable dentro y fuera del ring].

FRASE CÉLEBRE: "No lloren por mi, lloren por la situación en la que nos encontramos".

HIGHLIGHT: Ganar la medalla de Oro en los Juegos Olímpicos de Melbourne en 1956 [Lucha Libre, Light Heavyweight].

ANTAGONISTA: SAVAK [Servicio Secreto Iraní]

ELEMENTO PREFERIDO: Clubbells Persas o "Meel" [میل en Persa].

Gholamreza Takhti fue un luchador campeón Iraní, practicante de Varzesh-e Bastani [ورزش باستانی, Lucha Tradicional Persa] y varias veces Medallista Olímpico de Lucha Libre. Popularmente se le conoce como Jahān Pahlevān [جهان پهلوان; "Campeón Mundial"] debido a su espíritu deportivo y conducta intachable dentro y fuera de la lona. Gholamreza fue sin lugar a dudas, el deportista más popular en Irán durante el siglo XX. Hasta el día de hoy, sigue siendo considerado un héroe para el pueblo Iraní.

Nació un 27 de Agosto en 1930. A los 15 años, comenzó su entrenamiento como luchador, en el famoso Poulad Club. Más tarde, cuando fue llamado a cumplir con el servicio militar, su potencial como luchador profesional fue descubierto.

Takhti ganó su primer Campeonato Iraní en 1950. Luego, en su primer viaje al exterior en 1951, obtuvo la medalla de plata. Fue así, que en esa ocasión del Campeonato Mundial de Lucha Libre de Helsinki 1951, se convirtió en el primer luchador iraní en ganar una medalla.

Siguiendo con su exitosa carrera, logró la medalla de oro en los Juegos Olímpicos de 1956 en Melbourne.

Takhti comenzó como un luchador de peso medio en la categoría de 79 kg y 87 kg. Luego, a medida que fue ganando peso, decidió subir hasta la próxima categoría de hasta 97 kg para los Juegos Olímpicos de Tokio 1964.

Entrenando siempre con los métodos tradicionales de Varzesh-e Bastani, gran parte de su desarrollo físico fue gracias a la práctica con clavas persas (Mills).

De todas formas, dentro de la escuela del ejercito británico, el uso de clavas para fortalecer los cuerpos de sus soldados era cada vez mas popular e incluso, era recomendado en varios de sus manuales de entrenamiento.

Aún así, la popularidad de las clavas en el ejercito comenzó a decaer con el pasar de los años. Ya para 1890, su transferencia real al campo de batalla era cuestionada y para 1900, una reforma de manuales de entrenamiento era inminente. En 1906, la Armada adopta un nuevo método sin elementos, basado en la Gimnasia Sueca de Ling y para 1914, las clavas en el ámbito militar, habían desaparecido por completo.

Al mismo tiempo, en consecuencia de lo ocurrido en la Rebelión de los Cipayos, desde 1860 (y continuando hasta las primeras décadas del 1900), una nueva contracultura surgió en India. Pensadores, políticos y mercaderes Bengalies, comenzaron a organizarse y a compartir ideas. Ideas que dieron lugar muchos años mas tarde, a la lucha por la Independencia de la India. Así, como hemos mencionado antes, un resurgimiento de la cultura física nativa comenzó a tener lugar en los llamados "Melas".

Estos "festivales deportivos", no eran supervisados por los colonos y servían como fachada, para reuniones políticas y el reclutamiento de adeptos a la causa. En los Melas, se celebraban torneos de lucha tradicional, y los luchadores más fuertes

Durante su carrera, Takhti siempre actuó "de buena fé" al competir contra sus rivales. Ciertamente, esta actitud era fruto del cultivo de los valores tradicionales en el Zurkhaneh [el recinto donde se practica la lucha tradicional persa]. A este tipo de comportamiento heroico, se lo conoce como Javanmardi.

Takhti era conocido por su visión "anti-regimen". Estaba a favor del político anti imperialista Mossadeq. Takhti fue encontrado muerto en su cuarto de hotel el 7 de enero de 1968. El gobierno iraní anunció oficialmente que se trató de un suicidio. Sin embargo, otra versión dice que fue asesinado por su actividad política en contra del régimen Pahlavi y acusa al Servicio Secreto Iraní [SAVAK].

Dos películas biográficas fueron filmadas recordando su vida.

eran invitados a demostrar sus fuerza física. Es así, que nuevas generaciones de nativos bengalíes de clase media, se acercan nuevamente a la práctica de la lucha y el entrenamiento con clavas tradicionales. Nuevos akharas comienzan a abrirse alrededor del subcontinente y miles de nuevos adeptos reviven la práctica de Kushti Pelhwani.

Si bien los "Melas" comenzaron a desaparecer durante la década de 1880, formaron la base para el florecimiento de la Cultura Física India. Así, grandes figuras como Swami Vivekananda (quien presentara por primera vez la práctica del Yoga en Occidente) ayudaron a popularizar la actividad física entre los jóvenes. Más tarde, figuras como Karim Bux y el Gran Gama, se convirtieron en héroes nacionales, al viajar al Reino Unido y vencer a los campeones europeos en la lucha libre. De esta manera, también ayudaron a popularizar el entrenamiento con clavas entre los deportistas europeos e ingleses, que adoptaron estas prácticas al ver el resultado en los poderosos cuerpos de los luchadores indios.

Entre 1830 y 1870 en Inglaterra, las clavas como herramienta para el ejercicio físico, fueron utilizadas de maneras muy diferentes, según el contexto y la clase social de sus usuarios.

2do regimiento de Infantería de Punjab. Tropas nativas al servicio de la Corona Británica, Circa 1920.

Para los instructores de fitness, era una manera de "mejorar físicamente" a hombres y mujeres. Para los oficiales del ejército, una forma de incrementar la salud de sus voluntarios y exponerlos al entrenamiento militar. Para los doctores, una herramienta para la prevención y el tratamiento de enfermedades, mientras que para los docentes de escuela, un elemento para desarrollar la educación física de los jóvenes.

Centrándonos en el contexto del fitness, podemos decir que inicialmente, el entrenamiento con clavas fue comercializado específicamente para las clases más altas de la sociedad inglesa. Si bien numerosos textos fueron publicados durante la década de 1830, el más exitoso fue sin duda "British Manly Exercises (Ejercicios Masculinos Británicos)" [1836] de Donald Walker. En este libro, Walker invitaba a sus lectores a dedicar parte de su tiempo a la actividad física y el desarrollo de la fuerza, bajo la teoría de que un cuerpo fuerte, era signo de distinción y superioridad social. Una de las razones por las cuales la obra de Walker fue aceptada rápidamente en la alta sociedad, es que acentuaba la reciprocidad entre el desarrollo de las facultades mentales y las físicas. Ambas eran necesarias para obtener "la elegancia de un distinguido caballero". Pocos años más tarde, publica una segunda obra, "Walker's Exercises for Ladies (Ejercicios para señoritas, de Walker)" [1836]. Si bien este texto está minado de sexismo e ideas sobre el lugar de la mujer en la sociedad, el hecho de promover la actividad física para las mujeres era algo novedoso para la época y abrió las puertas a la inclusión del deporte femenino y actividades mixtas, en las décadas venideras.

Pasada la primera mitad del siglo 19, la popularidad de estas prácticas comenzó a propagarse hacia la clase media e incluso la clase trabajadora. Desde finales de la década de 1840, hasta mediados de 1870, muchísimos hombres, mujeres y niños de clase media, comenzaron a practicar ejercicios con clavas.

La inclusión de estos ejercicios en las instituciones educativas privadas, influenciadas por textos como "Private School for Boys" y "School For Girls" de Archibald MacLaren y "The New Gymnastics" de Dio Lewis, acercó esta actividad a un gran número de niños y niñas. El hecho de que en general, las clases de educación física fueran dictadas por mujeres, inspiró a muchas de ellas a aprender el uso de las clavas, en búsqueda de una salida laboral que les permitiera cierta independencia. Al mismo tiempo, el incremento de las tensiones políticas entre Francia e Inglaterra y la posibilidad de entrar en guerra nuevamente, dieron como resultado la implementación de campamentos de entrenamiento para tropas voluntarias. Así, miles de hombres de clase media experimentaron el ejercicio con clavas, que todavía formaba parte del entrenamiento básico militar.

También es importante mencionar la influencia del "Cristianismo Musculoso", el cual se encontraba en auge a finales de la década de 1850, razón por la cual el ejercicio con clavas llegó incluso hasta las instituciones asociadas a la iglesia cristiana.

La proliferación del uso de las clavas en las instituciones inglesas fue correspondida por la cultura popular, donde las exposiciones y los espectáculos de variedades, dieron lugar a nuevas plataformas para la difusión del ejercicio físico.

La importantísima "Gran Exposición de 1851" y "La Exposición del Imperio Indio y Ceilán [1895-1896] son dos claros ejemplos.

Por otro lado, el incremento en el interés por el ejercicio físico como espectáculo, brindó la oportunidad de profesionalizarse, a muchísimos strongmen, strongwomen, luchadores, levantadores de pesas y gimnastas.

Turners en USA

Quizás, el Strongman más significativo en este contexto, sea el famoso "Professor Harrison". Su libro "Indian Clubs, Dumbbells and Sword Exercises" [1865] está incluido en esta obra, en el capítulo sobre clavas pesadas.

Para 1870, la popularidad de las clavas llegó a su máximo, gracias a la proliferación de Clubes Gimnásticos, abiertos a ambos sexos. El más famoso de todos, "El Club de Gimnasia Alemana de Londres", llegó a contar con más de 1000 miembros, entre hombres y mujeres.

Así, en este tipo de instituciones, se enseñaban los ejercicios con clavas e incluso, comenzaron a organizarse competencias para determinar quienes eran los mejores exponentes de esta especialidad. De esta manera, nuevamente, el dominio de estas técnicas se traducía en una suerte de "capital físico", mediante el cual se podía alcanzar un mayor estatus en la sociedad.

Incluso, los ejercicios con clavas llegaron a la escuela pública y en consecuencia a la clase trabajadora, por medio de la Ley de Educación Elemental. La educación se convirtió en obligatoria en niños y niñas de entre 5 y 13 años, por lo tanto se dictaban clases de educación física y en su currícula, se incluía el uso de clavas para mejorar la salud física y mental de sus alumnos.

Los primeros en presentar los ejercicios con clavas en los Estados Unidos, fueron inmigrantes alemanes, miembros del movimiento "Turner", creado por Friedrich Jahn. Los primeros "Turners", llegaron a Norte America en 1824, en búsqueda de mejores oportunidades, la posibilidad de comprar tierras y la libertad religiosa.

Algunos "embajadores de la gimnasia europea", como Charles Follen, Francis Lieber y Charles Beck (este ultimo, fue quien publicó la primer traducción de "Deutsche Turnkunst" de Jahn, en 1828) comenzaron a enseñar las bases en clubes privados dedicados al fitness. Sin embargo, no fue hasta 1848, a causa de la Revolución Alemana (también conocida como "Revolución de Marzo") que un gran número de "Turners" llegaron a los Estados Unidos y con ellos, su "Sistema de Gimnasia". Ese mismo año, se fundaron los "Turnverein Club" de Cincinnati, Boston, Filadelfia y Cleveland. Así, estos clubes eran más que simples clubes de fitness; los Turnverein promovieron la cultura alemana, el cristianismo protestante, la política liberal e incluso apoyaron el esfuerzo de guerra de la Union, durante la Guerra Civil estadounidense.

Luego de la Guerra Civil Norteamericana [1865], las clavas eran una de las herramientas mas populares en los gimnasios, junto a las mancuernas, el bastón y la "medicine ball"; a este conjunto de herramientas se lo conocía como "Los 4 jinetes del Fitness".

En 1866, Simon D. Kehoe, inspirado por el famoso strongman ingles James "Professor" Harrison, publica su exitoso libro "The Indian Club Exercise" y comienza a fabricar clavas a gran escala y distribuirlas por todo el país, ante la creciente demanda de equipamiento para gimnasios.

A finales del siglo 19, el Deporte de Competición y la Educación Física ya se habían establecido en los Estados Unidos. En consecuencia, el interés por la actividad física y la salud comenzó a crecer rápidamente entre sus ciudadanos. Ya en 1901, más de 200 colegios contaban con programas de Educación Física y muchos de ellos, incluían el uso de clavas. También, eran utilizadas por los equipos profesionales de Baseball, para mejorar el rendimiento físico de sus jugadores. De la mano del "Cristianismo Musculoso" los ejercicios con clavas, eran practicados por los jóvenes en clubes privados e incluso en los patios de las iglesias.

Tal era la su popularidad, que en los Juegos Olímpicos de Saint Louis, en 1904, fueron incluidas en el programa de competencias de Gimnasia. Edward Hennig, quien obtuvo la medalla de oro, pertenecía al Turnverein Vorwärts de Cleveland y Emil Voigt, quien alcanzó la medalla de plata, al Concordia Turnverein de Saint Louis.

Sin embargo, durante el siglo 19, el entrenamiento con clavas (al igual que el entrenamiento físico en general) era practicado casi exclusivamente por hombres.

Quizás las excepciones mas importantes, sean Madame Beaujeu-Hawley, Leonora Geary, Mrs. Thomas y Madame Ferzi, quienes dictaban clases para mujeres en sus propios gimnasios, enseñando calistenia y ejercicios con clavas, de forma privada.

Mas tarde, a partir de la Primera Guerra Mundial, las clavas (las cuales eran asociadas con los clubes alemanes) desaparecieron rápidamente de los gimnasios norteamericanos. Luego, con la creciente popularidad en deportes de equipo (como el voleibol, el basquetbol, el futbol americano y el hockey) las competencias deportivas individuales dejaron de atraer espectadores, por lo tanto los torneos de clavas, tampoco eran un buen negocio.

Así, para 1920, el paradigma de salud, ejercicio y actividad física había cambiado y el entrenamiento con clavas se convierten en algo anticuado.

FABRICA TU PROPIA CLAVA 2
Clava liviana de PVC

En esta versión solo necesitaremos las piezas de nuestra lista de compras y un poco de pegamento para pvc. Puedes comprar las piezas ya cortadas o cortarlas a tu gusto para lograr diferentes medidas. Esta es una clava MUY liviana que puede ser llenada con arena, concreto o cualquier otro elemento.

Tapón de 40 mm.

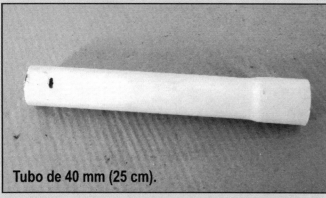

Tubo de 40 mm (25 cm).

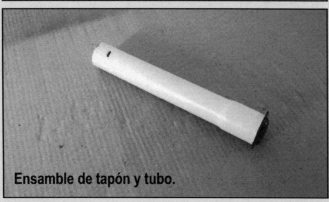

Ensamble de tapón y tubo.

LISTA DE COMPRAS

- 1 Tapón de 40 mm.
- 1 Tubo de 40 mm (25 cm).
- 1 Reducción de 50 mm a 40 mm.
- 1 Tubo de 50 mm (30 cm).
- 1 Tapón de 50 mm.
- Pegamento para PVC.
- Opcional pintura: base *primer* y colores en aerosol.

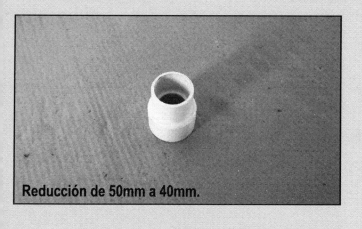
Reducción de 50mm a 40mm.

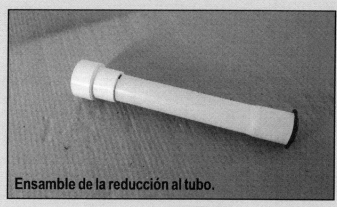
Ensamble de la reducción al tubo.

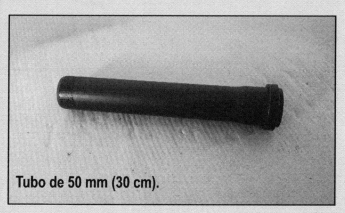
Tubo de 50 mm (30 cm).

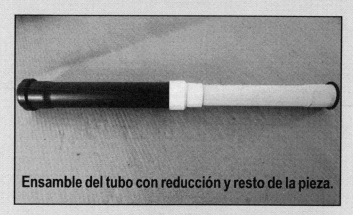
Ensamble del tubo con reducción y resto de la pieza.

Tapón de 50 mm.

Ensamble del tapón.

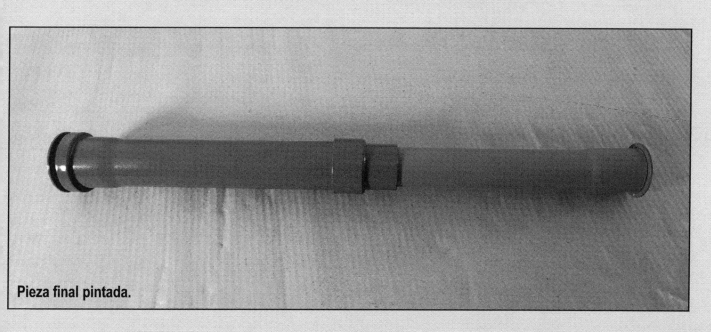
Pieza final pintada.

CAPITULO II
EL ENTRENAMIENTO CLASICO EXPLICADO - MOVIMIENTOS APLICADOS A DIFERENTES HERRAMIENTAS Y FUNCIONES

El siguiente grupo de ejercicios es un compilado de lo que he considerado los ejercicios más importantes de este sistema. El entrenamiento con clavas clásico, tiene muy pocos movimientos. De hecho, si estudiamos lo que se entrenó desde hace cientos de años y se sigue entrenando en Irán e India, comprenderemos que el 95% son solo dos movimientos básicos.

Si bien en este manual volcaremos las mayores expresiones históricas de esta herramienta, a tal punto que superaran las 100 técnicas, yo recomiendo al final quedarse con este selecto grupo de técnicas matrices que organicé especialmente para tus entrenamientos. Los demás ejercicios del manual te servirán de estudio o para cuando quieras variar o desarrollar e investigar otros ejercicios.

Este capítulo servirá también de CATALOGACION y para entender la función de cada ejercicio con la óptica de la anatomía funcional. De esta manera, sabremos para qué SIRVE cada uno de estos ejercicios y qué capacidades podemos desarrollar con cada uno.

Para comenzar, me gustaría aclarar tres dudas clásicas sobre esta herramienta en relación a las modalidades, posturas y posibilidades que ofrecen los ejercicios con clavas. La primera, es si hacer los ejercicios solo con los miembros superiores o con todo el cuerpo. La segunda, es la distancia de la clava con respecto al cuerpo, Y la tercera la intereacción con la cabeza.

Ia) El tronco y los miembros inferiores pueden mantenerse quietos y estables mientras generemos los movimientos con las extremidades superiores. Este entrenamiento está más enfocado a desarrollar el core, y la movilidad de los miembros superiores, aislada del resto del cuerpo.

Ib) El tronco y los miembros inferiores, se mueven junto a los miembros superiores; el movimiento se genera y coordina con TODO el cuerpo al mismo tiempo. Este tipo de entrenamiento está más enfocado a mover la clava con la cadena de movimiento de todo el cuerpo. Aquí aislamos menos los miembros superiores y repartimos la carga en todo el cuerpo de manera integrada y coordinada.

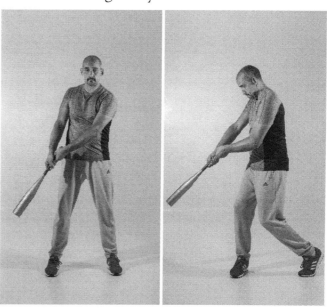

Un mismo balanceo de la clava, realizado solo con los miembros superiores a la izquierda y con todo el cuerpo, a la derecha.

2a) Se puede tabajar con la clava muy separada del cuerpo. Esto generará mayor brazo de palanca sobre la articulación y servirá para realizar movimientos veloces y de gran recorrido. Solo se puede hacer con pesas livianas.

2b) Trabajar con la clava muy cercana al cuerpo. Esto permite realizar movimientos cortos y será necesario cuando la clava es más pesada. Incluso se podrá apoyar la clava sobre el hombro en la posición de rack.

3a) Pasar la clava por encima de la cabeza. Permite movimientos más amplios. Exige mayor control del núcleo y probablemente sea muy demandante realizarlo con clavas más pesadas.

3b) Pasar la clava por debajo de la cabeza. Permite movimientos más cortos. Ideal para clavas más pesadas, grandes o largas.

Cerca del cuerpo

Por encima y por debajo de la cabeza

Lejos del cuerpo

Principales focos excéntricos: tríceps, cabeza larga del tríceps, pectoral mayor, dorsal ancho y rotadores internos. Vista frontal de una flexión pronunciada de hombro

Flexión pronunciada de hombro vista diagonal

Flexión pronunciada de hombro vista lateral

Abducción pronunciada de hombro vista frontal

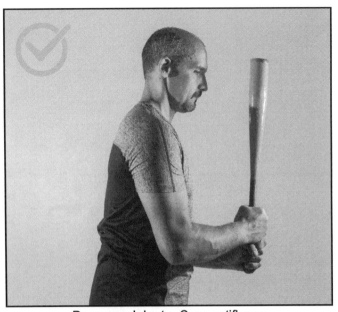
Peso por delante. Core antiflexor

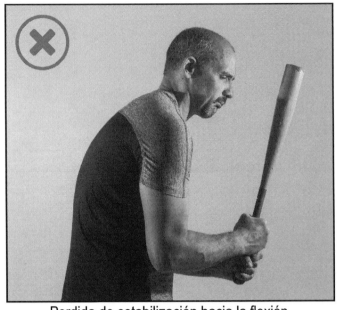
Perdida de estabilización hacia la flexión

Peso por detrás. Core antiextensor

Perdida de estabilizacion hacia la extensión

Peso lateral /diagonal. Core anti inclinador / rotador

Perdida hacia la inclinacion y/o rotación

DOS MANOS

1. POSTURA BASICA Y RACK

La posición básica es con la clava colgando, alineada con nuestro centro, sosteniéndola indistintamente con ambas manos. Podemos cargar la clava hacia la posición de rack usando solo los miembros superiores o si es una clava muy grande o pesada, con el balanceo de la clava producido y acompañado con la flexión y extensión de la cadera (similar a un swing con kettlebell). Por regla general, las manos se posicionan a la altura de los hombros a unos 15 centímetros del pecho. Tanto la altura como la distancia hacia el pecho, estarán condicionadas por el tamaño, peso y forma de la clava. Quizás si es muy larga, las manos pueden estar incluso a la altura del ombligo y la clava no separada, sino de hecho, apoyada sobre nuestro hombro.

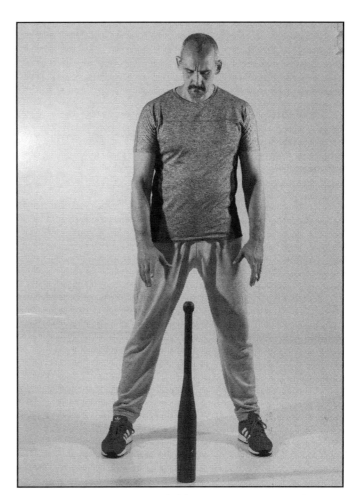
Inicio

Balanceo de ser necesario

Rack

2. DEL RACK A LA ESPALDA

Este ejercicio de base es el que NO DEBERIA FALTAR en ninguna progresión ni entrenamiento. Recomiendo que el practicante no avance hacia los demás ejercicios si no domina PERFECTAMENTE estas dos posiciones de manera controlada. Además, en esta preparación es donde obtenemos dos de los beneficios más importantes de esta herramienta:

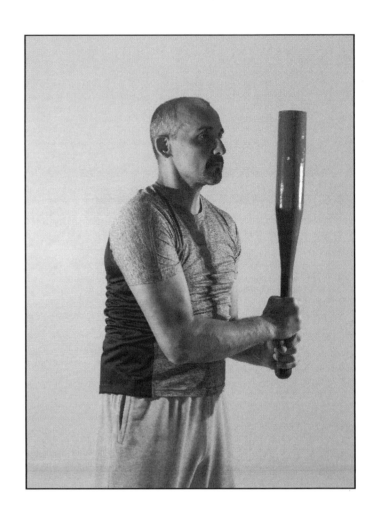

1) Movilidad en el hombro: en flexión pronunciada. El movimiento y la carga obligará a que la articulación se acerque a esta postura. De esta manera, también elongará estructuras musculares que son responsables de la limitación del movimiento de flexión de hombro, tales como el pectoral mayor, el dorsal ancho y la cabeza larga del tríceps.

2) Trabajo y estabilización de núcleo: al sostener el peso por delante, trabajarán principalmente la musculatura posterior o espinal, para evitar la flexión del tronco. Al sostener el peso por detrás, trabajará principalmente la musculatura anterior o abdominal, para evitar la extensión del tronco.

El máximo que buscaremos será hasta una FLEXION DE HOMBRO DE 180° Y DE CODO A 90° sin que sea necesario llegar a estos valores, ya que dependerá de nuestra movilidad y nuestro formato corporal.

Este es un FABULOSO ejercicio básico que nos proveerá la movilidad y estabilidad básica para los ejercicios con clavas. Solo usaremos un peso nuevo más pesado, si somos capaces de controlar estas dos posiciones y la dinámica entre ellas.

3. BALANCEO POSTERIOR MEDIAL (LADO A LADO)

Definimos al balanceo posterior medial, como el pasaje de la clava por detrás nuestro desde el lateral del cuerpo hacia la línea media. Así encontramos que la definición medial puede aparecer muchas veces como "interna" y el balanceo, como "círculo". De "lado a lado" es que va de izquierda a derecha y viceversa.

Desde la posición de rack central, con la clava en la línea media de nuestro cuerpo, la llevamos un poco hacia el hombro derecho como ejemplo. Desde esa posición, llevamos el extremo distal de la clava hacia atrás y hacia abajo como hicimos en el ejercicio número 2. Este movimiento puede hacerse con flexión pura de hombro o un poco más abierto, con suma de abducción del lado que tenemos la clava. Continuando el movimiento, desplazamos la clava por la espalda (sin tocarla o con un leve roce) desde la derecha hacia la izquierda hasta llegar a la parte posterior del hombro izquierdo. Desde esa posición y con la extensión de los hombros, posicionaremos la clava por delante del hombro izquierdo como lo habíamos ejecutado del lado opuesto. Aquí simplemente volveremos a ejecutar el movimiento para adentrarnos en un circuito cíclico.

Cuidaremos de generar el movimiento ESPECÍFICAMENTE en la articulación del hombro, codo y muñeca, sin mover mucho la cabeza para dejar pasar la clava.

Si la clava es MUY pesada o grande, probablemente tengamos que apoyarla en el hombro en cada postura de rack y los movimientos van a ser muchos más cortos y moderados que si lo hiciéramos con una clava liviana.

4. BALANCEO POSTERIOR LATERAL (MISMO LADO)

Definimos al balanceo posterior lateral, como el pasaje de la clava por detrás nuestro, desde la línea medial del cuerpo hacia el lateral. Así encontramos que la definición lateral puede aparecer muchas veces como "externa" y el balanceo como "círculo". Aquí, "mismo lado" es que va de derecha a izquierda y termina a la derecha, como ejemplo.

Desde la posición de rack central con la clava en la linea media de nuestro cuerpo, la llevamos un poco hacia el hombro derecho. Desde esa posición llevamos el extremo distal de la clava hacia la izquierda hasta posicionar la clava horizontalmente, como si fuera un sable y nos cubriéramos la cabeza con ella. Este movimiento puede hacerse con la suma de una flexión y abducción de hombro, del lado que tenemos la clava. Desde esa posición dejamos

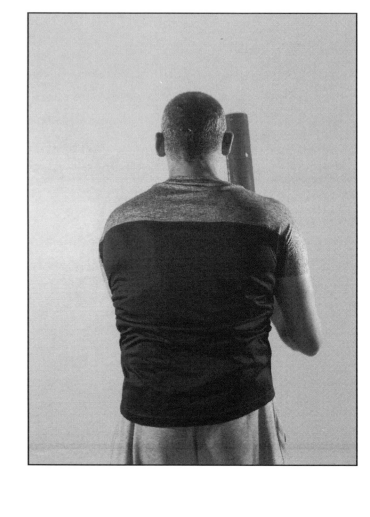

caer la punta hacia atrás y abajo del lado izquierdo. Continuando el movimiento, desplazamos la clava por la espalda (sin tocarla o con un leve roce) desde la izquierda hacia la derecha hasta llegar a la parte posterior del hombro derecho. Desde esa posición y con la extensión de los hombros, posicionaremos la clava por delante del hombro derecho. Aquí, simplemente volveremos a ejecutar el movimiento para adentrarnos en un circuito cíclico que se repetirá del mismo lado, para luego completar con el contrario.

Cuidaremos de concentrar el movimiento ESPECIFICAMENTE en la articulación del hombro, codo y muñeca, sin mover mucho la cabeza para dejar pasar la clava. Si la clava es MUY pesada o grande, probablemente tengamos que apoyarla en el hombro y los movimientos van a ser muchos más cortos y moderados que si lo hiciéramos con una clava liviana.

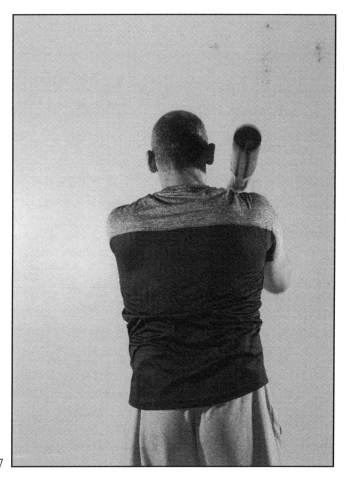

5. BALANCEO FRONTAL Y BALANCEO POSTERIOR MEDIAL

Aquí comenzamos a aprovechar los amplios círculos que podemos hacer por el frente, para combinarlos con los posteriores.

Describimos un medio círculo desde izquierda a derecha al frente nuestro, dejando caer la pesa y elevándola en la medida que se acerca a la derecha. Desde esa posición y con el impulso, dirigimos la punta hacia atrás y abajo como hicimos en el ejercicio 2, para desplazar la pesa de derecha a izquierda por detrás de nosotros. Al llegar a la izquierda, la dejamos caer hacia abajo y volvemos a dirigir la clava al primer movimiento descrito. Este movimiento puede realizarse solo con los miembros superiores pero cuando se acumula mucho impulso, sugiero dirigirlo y controlarlo con los movimientos de todo el cuerpo.

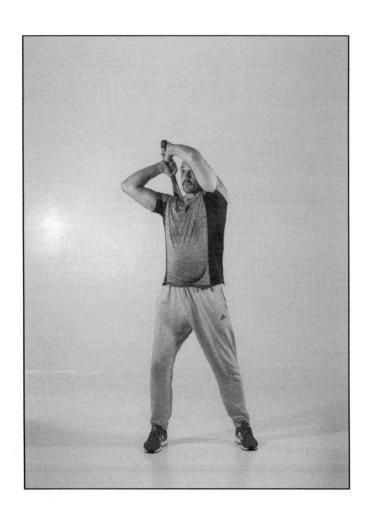

60

6. BALANCEO FRONTAL Y CIRCULO LATERAL + HACHAZO

En este segundo ejercicio que combina círculos anteriores con posteriores, podremos también agregar un movimiento similar al "hachazo" o "arroje".

Describimos un medio círculo desde izquierda a derecha al frente, completando así casi 3/4 de la vuelta, la clava se encuentra cercana a la zona izquierda. Con el impulso, dirigimos la punta hacia atrás y abajo como hicimos en el ejercicio 3, para desplazar la pesa de izquierda a derecha por detrás de nosotros. Al llegar a la derecha, elevamos la clava por encima de la cabeza y la dirigimos hacia adelante y el costado izquierdo, como si quisiéramos arrojarla. Desde allí, la dejamos caer hacia abajo y volvemos a dirigir la clava al primer movimiento descrito pero con un mayor impulso que el inicial. Este movimiento puede realizarse solo con los miembros superiores pero cuando se acumula mucho impulso, sugiero dirigirlo y controlarlo con todo el cuerpo.

UNA MANO

1 POSTURA BASICA AL RACK

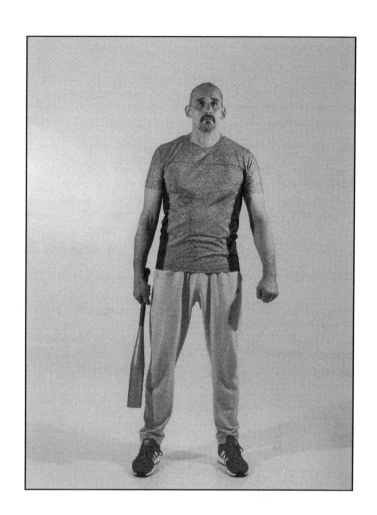

La posición básica es con la clava colgando a un costado del miembro inferior, sosteniéndola con una sola mano. El pulgar puede envolver el mango en la zona cercana a la bocha del mismo, o puede posicionarse apoyado longitudinalmente al mango. Esto va a depender mucho del peso y la dimensión de la clava, siendo esto último solo posible en clavas pequeñas y/o livianas.

Podemos cargar la clava hacia la posición de rack usando solo el miembro superior o si es una clava muy grande o pesada, con el balanceo de la clava producido y acompañado con la flexión y extensión de la cadera (similar a un swing con kettlebell realizado al costado del cuerpo). Por regla general, la mano se posiciona a la altura de los hombros, a unos 15 centímetros del pecho. Tanto la altura como la distancia hacia el pecho, estarán condicionadas por el tamaño, peso y forma de la clava. Quizás si es muy larga, la mano puede estar incluso a la altura del ombligo y la clava no separada, sino de hecho, apoyada sobre nuestro hombro.

Si la clava es MUY pesada, probablemente tengamos que sostenerla mas alejada del extremo del mango y más cerca de su mayor concentración de masa (zona grande y cilíndrica de la clava). Esto lo usaremos como un adaptación, pero el objetivo final, será poder controlar el agarre de la clava lo más cercana al extremo del mango.

2. RACK A ESPALDA 3 POSICIONES

Al igual que en el ejercicio 2 a dos manos, este no debería faltar en cualquier programa básico a una mano. El mismo será requerimiento OBLIGADO antes de intentar hacer movimientos amplios con una sola clava.

Usando la misma lógica, sostendremos la pesa en la posición de rack y en la posición posterior colgada por detrás de manera estática, en estas 3 diferentes versiones:

A. 0 GRADOS DE ROTACION DE HOMBRO. FLEXION DE HOMBRO:

Desde la posición de rack con una rotación de 0° en el hombro, flexionaremos el mismo hacia los 180° sin la necesidad de llegar estrictamente a este valor. Mantendremos la postura sin alterar la estabilidad del resto del cuerpo.

2. RACK A ESPALDA 3 POSICIONES

B .45 GRADOS DE ROTACION DE HOMBRO. FLEXION Y ABDUCCION DE HOMBRO:

Desde los 45° de rotación, llevaremos el hombro hacia una flexión y abducción combinada, aproximándonos a los 180°. El codo se mantendrá a unos 90°. Sostendremos la postura con el extremo distal de la clava colgando perpendicular hacia el suelo, mientras no permitimos que se produzca ningún tipo de compensación en el resto del cuerpo. Si notamos que el retorno es dificultoso, quizás no tengamos la estructura para aguantar el peso elegido en esa clava. Estos ejercicios básicos, sirven como testeos para corroborar que tenemos control sobre estos pesos.

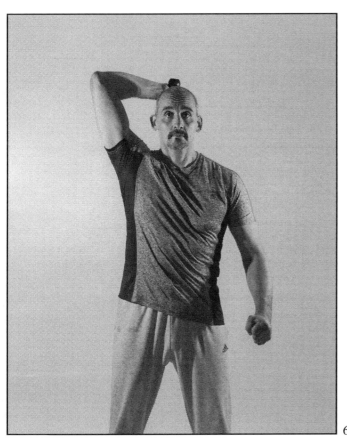

2. RACK A ESPALDA 3 POSICIONES

C. 90 GRADOS DE ROTACION DE HOMBRO. ABDUCCION DE HOMBRO:

Desde uno ángulo cercano a 90° de rotación externa (pocos podrán llegar a ese rango e incluso, te recomiendo que lo hagas en una posición cómoda, quizás cercana a 80°) llevaremos el hombro hacia abducción, aproximándonos a los 180°. El codo se mantendrá a unos 90°. Sostendremos la postura con el extremo distal de la clava colgando perpendicular hacia el suelo, mientras no permitimos que se produzca ningún tipo de compensación en el resto del cuerpo. Si notamos que el retorno es dificultoso, quizás no tengamos la estructura para aguantar el peso elegido en esa clava. Estos ejercicios básicos sirven como testeos, para corroborar que tenemos control sobre estos pesos.

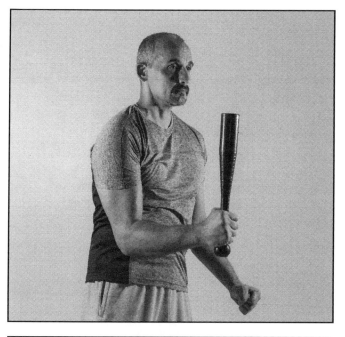
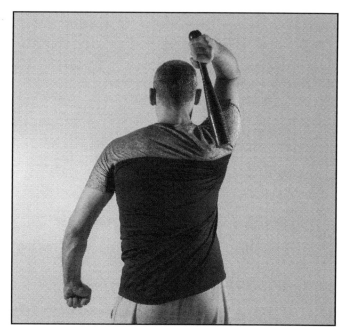

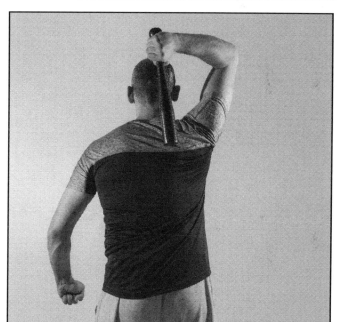

3. CIRCULO MEDIAL POSTERIOR (DE UN LADO A OTRO Y RECIBEN 2 MANOS)

Este es el mismo ejercicio que en el punto 3, pero con una sola mano. Muy similar a una acción de manejo de sable.

Desde la posición de rack cercano al hombro derecho (como ejemplo), llevamos el extremo distal de la clava hacia atrás y hacia abajo, como hicimos en el ejercicio número 2. Este movimiento puede hacerse con flexión pura de hombro (mas estricto y controlado) o un poco más abierto, con suma de abducción del lado que tenemos la clava (con más péndulo). Continuando el movimiento, desplazamos la clava por la espalda desde la derecha hacia la izquierda, hasta llegar a la parte posterior del hombro izquierdo. Desde esa posición y con la extensión del hombro, posicionaremos la clava por delante del hombro izquierdo, pero en este caso, ayudándonos con la mano izquierda al recepcionar la clava, como asistencia. Desde allí podremos repetir toda la acción pero con la mano izquierda, para ayudarnos a recepcionar la clava al final con la mano derecha.

Cuidaremos de generar el movimiento ESPECIFICAMENTE en la articulación del hombro, codo y muñeca sin mover mucho la cabeza para dejar pasar la clava.

Si la clava es MUY pesada o grande, probablemente tengamos que apoyarla en el hombro en cada postura de rack y los movimientos van a ser muchos más cortos y moderados a si lo hiciéramos con una clava liviana. Otra opción, es asistir en diferentes partes del círculo, con la mano libre.

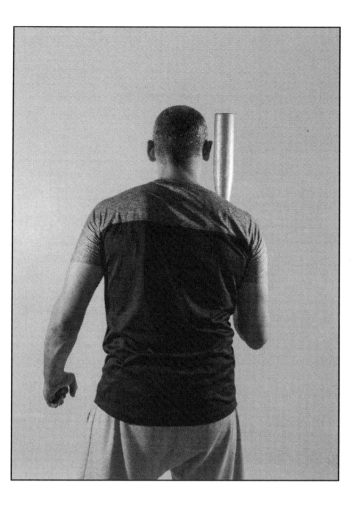

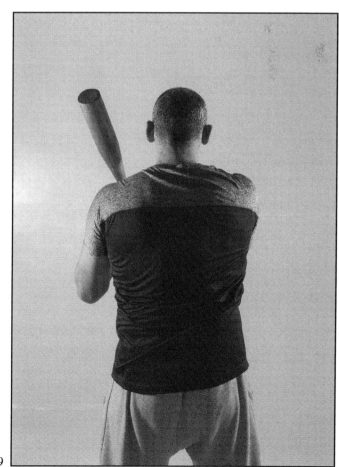

4. CIRCULO LATERAL POSTERIOR (LADO A LADO)

Este es el mismo ejercicio que el número 4, pero con el accionar de un solo miembro superior.

Desde la posición de rack cercano al hombro derecho (como ejemplo), llevamos el extremo distal de la clava hacia atrás y hacia la izquierda, hasta posicionar la clava horizontalmente, como si fuera un sable y nos cubriéramos la cabeza con ella. Este movimiento puede hacer-se con la suma de una flexión y abducción de hombro del lado que tenemos la clava. Desde esa posición, dejamos caer la punta hacia atrás y abajo del lado izquierdo. Continuando el movimiento, desplazamos la clava por la espalda (sin tocarla) desde la izquierda hacia la derecha hasta llegar a la parte posterior del hombro derecho. Desde esa posición y con la extensión del hombro, posicionaremos la clava por de-lante del hombro derecho. Aquí simplemente volveremos a ejecutar el movimiento para adentrarnos en un circuito cíclico que se repetirá del mismo lado, para luego completar con el otro miembro superior.

Cuidaremos de concentrar el movimiento ESPECIFICAMENTE en la articulación del hombro, codo y muñeca sin mover mucho la cabeza para dejar pasar la clava. Si la clava es MUY pesada o grande, probablemente tengamos que apoyarla en el hombro o recepcionarla con ambas manos. Los movimientos van a ser muchos más cortos y moderados que si lo hiciéramos con una clava liviana.

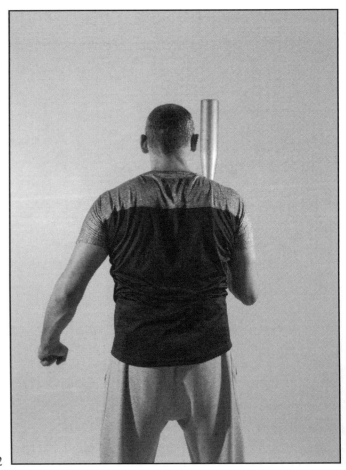

5. BALANCEO FRONTAL Y CÍRCULO MEDIAL

Sosteniendo la clava con la mano derecha, describimos un medio círculo desde izquierda a derecha al frente nuestro, dejando caer la pesa y elevándola en la medida que se acerca a la derecha. Desde esa posición y con el impulso, dirigimos la punta hacia atrás y abajo como hicimos en el ejercicio 5 a dos manos, para desplazar la pesa de derecha a izquierda por detrás de nosotros. Al llegar a la izquierda, la dejamos caer hacia abajo y volvemos a dirigir la clava al primer movimiento descrito. Este movimiento puede realizarse solo con los miembros superiores, pero cuando se acumula mucho impulso, sugiero dirigirlo y controlarlo con los movimientos de todo el cuerpo.

6. BALANCEO FRONTAL Y CIRCULO LATERAL + HACHAZO

Con una sola mano describimos un medio círculo desde izquierda a derecha al frente, completando así casi 3/4 de la vuelta, la clava se encuentra cercana a la zona izquierda. Desde allí y con el impulso, dirigimos la punta hacia atrás y abajo como hicimos en el ejercicio 6, pero en esta ocasión con una sola mano, para desplazar la pesa de izquierda a derecha, por detrás. Al llegar a la derecha, elevamos la clava por encima de la cabeza hacia adelante y el costado izquierdo, como si qui-siéramos arrojarla. La dejamos caer hacia abajo y volvemos al primer movimiento pero con un mayor impulso. Se puede realizar solo con los miembros superiores, pero cuando se genera mucho impulso, sugiero usar todo el cuerpo.

DOS CLAVAS

1. CIRCULO MEDIAL + CIRCULO MEDIAL

Este primer ejercicio con dos clavas, no es nada más que el ejercicio número 3, pero a una mano. Así intercalamos el círculo realizado en un lado con el otro, cuando una clava está haciendo el círculo posterior, la otra clava se encuentra estabilizada en la posición de rack.

Recomiendo en un nivel básico, solo mover UNA clava a la vez. O sea, cuando una clava está realizando el círculo posterior la otra se encuentra estática en el rack.

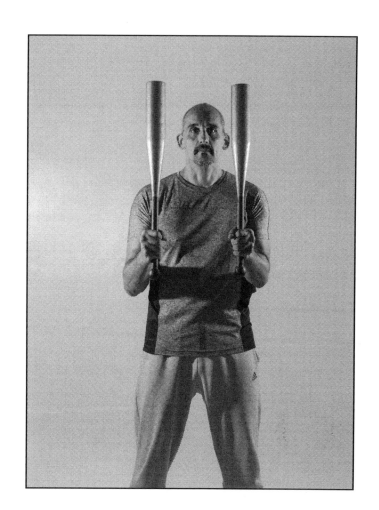

2. CIRCULO LATERAL + CIRCULO LATERAL

Este es el mismo ejercicio pero combinando los círculos laterales posteriores. Así cuando una clava realiza el círculo, la otra se mantiene en rack. Lo hacemos de manera intercalada, o sea una vez con la derecha y otra con izquierda. Con entrenamiento y buen ritmo, podemos incluso comenzar a mover una clava para dirigirse hacia el círculo posterior, incluso cuando la otra aún se encuentra en movimiento.

LOS MANUALES ANTIGUOS

Como núcleo principal de esta enciclopedia, incluimos la traducción de 6 manuales antiguos. Estos quizás NUNCA antes han sido traducidos al castellano. Se hizo una investigación para conseguir los manuales más destacables en la técnica de clava occidental, junto a la traducción adecuada y la corrección para su comprensión. Se recuperaron los dibujos originales y en algunos casos se hicieron nuevos y originales para esta edición. Muchos de estos manuales incluyen clavas livianas occidentales y también pesadas, explicando los movimientos clásicos tradicionales de Irán y del subcontinente Indio, de donde se inspiró la técnica occidental.

Los siguientes 6 manuales no fueron ordenados en orden cronológico. Al ser todos manuales independientes y de diferentes autores, no son obras realmente conectadas entre sí. El orden decidido fue en primer lugar el de los manuales que usan las técnicas más fundamentales y básicas, para dejar a los manuales con técnicas más avanzadas y con clavas más pesadas, similares a las tradicionales, al final. Notaremos que el diseño, fotos e incluso nombres de las técnicas pueden variar entre uno y otro ya que encontramos intervalos de 30 años o más, entre las ediciones.
No incluimos muchos capítulos de algunos de estos manuales, porque eran redundantes con otros o hablaban de temas ajenos a las clavas. En algunos casos, solo realizamos la extracción de algunas técnicas o de los planos originales de algunas clavas.

1. Sim. Kehoe. 1866. *Ejercicios con clavas indias*: es un muy buen libro para principiantes que establece medidas, cargas y progresiones.

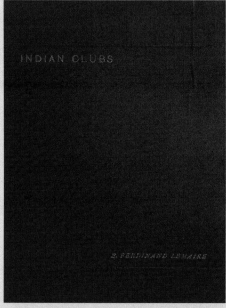

2. E. Ferdinand Lemaire. 1889. *Clavas Indias y cómo usarlas*: quizás uno de los libros más completos y extensos. Con dibujos muy simples pero sumamente claros.

3. J. H. Dougherty. 1914. *Biblioteca atlética de clavas indias y mancuernas*: Un libro que contempla los diferentes planos espaciales donde se realizan los ejercicios.

4. E. B. Warman. 1889. *Ejercicios con clavas indias*: un manual muy bien ordenado con progresiones muy claras para clavas livianas.

5. J. Harrison. 1852. *Clavas indias, mancuernas y ejercicios de espada*: Incluye levantamiento y ejercicios con clavas pesadas, Muy difícil de encontrar en libros occidentales. Quizás uno de los manuales más antiguos.

6. A. Alexander. 1890. *Ejercicios Modernos de Gimnasia:* extrajimos un capítulo específico para clavas grandes y pesadas.

7. Cobbet/Jenkin. 1905. *Indian clubs*. De aquí extrajimos 5 planos originales para construir clavas.

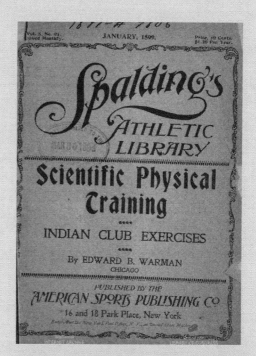

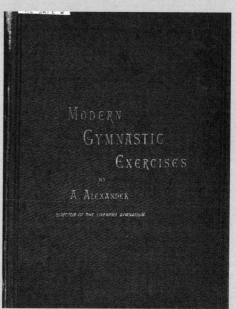

CAPITULO III - CLAVAS LIVIANAS
SIM. D. KEHOE
EJERCICIOS CON CLAVAS INDIAS. NUEVA YORK. 1866

INTRODUCCIÓN A LOS EJERCICIOS

DESCRIPCIÓN DE LA CLAVA

El ejercicio con clavas indias, tal como se practica actualmente en los diferentes gimnasios e instituciones de entrenamiento físico de todo el país, se divide propiamente en dos clases: una con clavas cortas y ligeras, o bate, y la otra con clavas largas, o clavas indias propiamente dichas. El autor no considera necesario introducir en esta obra los ejercicios para clavas ligeras, ya que sólo son apropiadas para personas inválidas y niños. Para aquellos que las necesiten, los remitiremos a una obra sobre "Gimnasia ligera", del Dr. Dio Lewis, de Boston, Massachusetts.

Por lo tanto, se entiende que los ejercicios de esta obra son exclusivamente para clavas largas. Se usan en pares, y varían en longitud de veinticuatro a veintiocho pulgadas (61 a 71 cm), y en peso, de cuatro a veinte libras (1,81 a 9 kg) cada una, o de ocho a cuarenta libras el par (3,6 a 18 kg).

La forma de la clava puede observarse en cualquiera de las ilustraciones, pero varía un poco, según el peso. Esto es necesario para darle el equilibrio adecuado. Las proporciones generales son de especial importancia, ya que los movimientos se hacen más fáciles y elegantes de lo que serían si se intentaran con una clava mal proporcionada y sin forma.

PESO PARA LOS PRINCIPIANTES

El peso adecuado para los principiantes depende, por supuesto, de la condición y de la fuerza, pero se puede encontrar como se explica a continuación. Como regla general, el peso adecuado puede determinarse sosteniendo un par horizontalmente de forma lateral, con los brazos extendidos y dejándolos caer hasta quedar perpendiculares, y levantándolos de nuevo, varias veces, sosteniéndolos por el extremo de las empuñaduras. Si no es posible hacer esto luego de varios intentos, la clava es muy pesada, y un par más ligero debe ser probado, hasta que se encuentre el apropiado.

La mayoría de los principiantes, e incluso los gimnastas algo avanzados que nunca han utilizado una clava, encontrarán que de seis a diez libras (2,5 a 4,5 kilos) es suficiente peso para empezar. Es casi un error universal el tratar de usar clavas demasiado pesadas. Debe entenderse que no es suficiente poder ejecutar algunos pocos movimientos simples con una clava, y por ese hecho considerarse un graduado; el beneficio real sólo puede derivarse de un ejercicio prolongado de movimientos difíciles y combinaciones artísticas, calculado para poner en juego cada músculo conocido -y muchos otros desconocidos- desde la zona lumbar hacia arriba.

Por lo tanto, se recomienda que el principiante inicie con un peso que pueda manejar fácilmente y con el que pueda ejecutar los ejercicios preliminares. A medida que progresa, el peso puede ser incrementado, en proporción al desarrollo de la fuerza.

SOSTENIENDO LA CLAVA

Es muy importante aprender a sostener la clava de manera correcta, ya que una manera descuidada de sostener la empuñadura impedirá lograr un estilo elegante de balanceo, y podría poner en peligro la cabeza de algún espectador.

Ten cuidado de sostener la empuñadura firmemente, cerca de la esfera, extendiendo el pulgar a lo largo de la empuñadura, lo que te permitirá controlar el movimiento y evitar que se desvíe de la dirección deseada. Esta es la sujeción general, en la que el pulgar puede ser utilizado para guiar los movimientos.

Los Moulinéts —un movimiento con el brazo y la muñeca doblados— se mostrará más adelante, en él es necesario relajar el agarre, sosteniendo la clava completamente entre el pulgar y el índice durante una parte del movimiento, pero recuperando la sujeción completa al final.

POSICION

Antes de entrar en los detalles de los ejercicios, es de gran importancia comprender lo que se denomina "posición".

La primera cuestión importante a este respecto, es saber qué posición de pies proporciona la mayor solidez al estar de pie. No es necesario hablar en detalle de las numerosas controversias en las que algunos defienden o rechazan la posición con los dedos de los pies hacia fuera, bastará con constatar el hecho de que cuanto mayor sea la base de apoyo, más firme y sólida será la posición, y adoptar como fundamental la posición militar, que ha sido considerada prácticamente la mejor, por quienes no tienen otra cosa que hacer que caminar.

El primer gran principio de la posición es que el cuerpo y los hombros estén igualmente sólidos hacia adelante. Los talones deben estar alineados y cerrados; las rodillas rectas; los dedos de los pies girados hacia afuera, con los pies formando un ángulo de sesenta grados; los brazos colgando cerca del cuerpo; los codos girados hacia adentro y cerca de los costados; el cuerpo erguido, pero inclinado hacia adelante, de modo que el peso de éste pueda recaer principalmente sobre las puntas de los pies; la cabeza erguida y los ojos fijos hacia el frente.

¿COMO LEER ESTOS MANUALES?

Definitivamente la tarea de interpretar manuales de hace más de 150 años no será nada fácil. Nos vamos a encontrar con un lenguaje "antiguo" y a veces contradictorio, lo que demandará varias lecturas y comparaciones con las imágenes y las fotos.

Algunos ejercicios son descritos con movimientos de "círculos" mientras otros los describen como "balanceos" o "molinos" lo que hará que tengas que estar muy atento para poder aunar toda esta información en una sola terminología. En mi caso, usé la más descriptiva, como los círculos, por la disposición que tienen en el espacio. Anterior y posterior para determinar clava donde se encuentra la clava con respecto a nuestro torso. Y medial y lateral para determinar si se dirige hacia la línea media o si se aleja de ella.

La interpretación de los dibujos va a ser buena en algunos casos, como el de Lemaire, que más allá de ser dibujos muy sintéticos, poseen una claridad en lo que respecta al movimiento. Y en otros casos, va a ser muy difícil interpretar y enlazar la descripción del movimiento con el dibujo. Algunas descripciones carecen de dibujos o se encuentran en otras páginas alejadas de la descripción original.

Hay dos posiciones de las clavas que vamos a describir a continuación, que son los puntos de partida de los diversos movimientos de los ejercicios.

LA PRIMERA POSICION

Con una clava en cada mano, sosteniendo la empuñadura según las instrucciones anteriores, se adopta la posición militar, con las clavas colgando a los lados (Véase la figura 5). Esta es la primera posición.

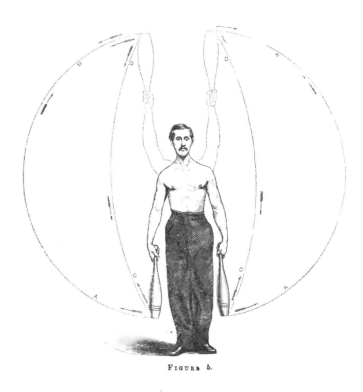

FIGURA 5.

LA SEGUNDA POSICION

Desde la primera posición, eleva las dos clavas hasta una posición perpendicular, manteniéndolas directamente frente al cuerpo, las manos a la altura del hombro, y a unos quince centímetros de distancia. Mantén ambas clavas exactamente paralelas y perpendiculares (Véase la posición de la <u>clava izquierda</u>, Figura 13). Esta es la segunda posición.

Estas dos posiciones se mencionarán con frecuencia en las siguientes explicaciones.

FIGURE 13.

CONCLUSION

Antes de iniciar los ejercicios, sólo nos queda referirnos al tiempo y a las circunstancias del ejercicio, como se ha indicado anteriormente en las "Observaciones generales sobre la cultura física", recordando que tu progreso dependerá de esas reglas. Un cinturón, o cordón, es de utilidad, y aunque no es absolutamente necesario, sería bueno estar provisto de uno.

EL ALFABETO DEL EJERCICIO CON CLAVAS

Para comprender y ejecutar con facilidad los diferentes movimientos descritos en los ejercicios, será necesario comenzar por los principios básicos y aprender el Alfabeto de las clavas, que consiste en ocho movimientos diferentes, que deben ser ejecutados con la mano derecha o izquierda, con una sola clava. Las diversas figuras y los movimientos aparentemente difíciles y complicados que ejecutan los expertos en el manejo de las clavas, no son más que combinaciones de estos ocho movimientos, que pueden transformarse y ordenarse, produciendo una gran variedad de hermosos y graciosos ejercicios.

EL ALFABETO

Los siguientes son los ocho movimientos del Alfabeto:

1°. CIRCULO FRONTAL INTERIOR
2°. CIRCULO FRONTAL EXTERIOR
3°. CIRCULO POSTERIOR INTERIOR
4°. CIRCULO POSTERIOR EXTERIOR
5°. CIRCULO LATERAL INTERIOR
6°. CIRCULO LATERAL EXTERIOR
7°. MOULINET INTERIOR
8°. MOULINET EXTERIOR

Dos de estos movimientos -el primero y el segundo- se ejecutan por delante del cuerpo; dos -el tercero y el cuarto- por detrás del cuerpo; y los cuatro restantes son laterales. Solo son cuatro movimientos totalmente diferentes; pues la única diferencia entre los círculos exteriores e interiores es simplemente una inversión de la dirección del barrido.

CÍRCULO FRONTAL INTERIOR

Con una clava en cada mano, adopta la primera posición (Ver Figura 5).

Puntea una línea o grieta en el suelo, como guía para la dirección y referencia de las explicaciones. Lleva la clava de la mano derecha hacia la izquierda, en dirección paralela a la línea del suelo, y describe barridos o círculos completos por delante del cuerpo, con el brazo extendido. Repite sucesivamente varias veces.

Ejecuta el mismo movimiento con la mano izquierda, llevando la clava hacia la derecha. Aunque en este caso la dirección se invierte, se trata sin embargo de un Círculo Frontal Interior.

FIGURA 6.

CÍRCULO FRONTAL EXTERIOR

Desde la primera posición, lleva la clava de la mano derecha hacia afuera a la derecha, y en una dirección paralela a la línea del suelo, describe un Círculo Frontal Exterior, que es simplemente una inversión del Frontal Interior. Ejecuta el Círculo Frontal Exterior con la mano izquierda, llevando la clava hacia afuera a la izquierda, y describiendo un barrido inverso al Frontal Interior, con la mano izquierda.

Repite estos movimientos por separado, y familiarízate perfectamente con la diferencia entre los Círculos Frontales Exteriores y los Interiores.

CIRCULO POSTERIOR INTERIOR

Ahora llegamos a un movimiento de carácter diferente. En lugar de efectuar un barrido por delante del cuerpo, con los brazos extendidos, se describen círculos por detrás del cuerpo, con los brazos flexionados.

Asumir la segunda posición, levantando las clavas perpendicularmente por delante del cuerpo, con las manos a la altura de los hombros y a quince centímetros por delante de ellos. La posición de ambas manos será la misma que la indicada para la mano izquierda en la figura 13.

Inicia el movimiento llevando la clava derecha hacia arriba y hacia atrás, hacia la izquierda, por encima de la cabeza (a la posición de la figura 12), y en el mismo movimiento dejándola caer hacia abajo, describiendo un círculo. La mano permanecerá justo detrás del hombro, y su posición no cambiará mucho en el movimiento.

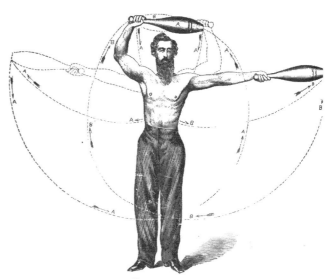

FIGURE 12.

FIGURE 13.

Ejecuta lo mismo con la mano izquierda, comenzando el movimiento como se muestra en la Figura 12, por el brazo punteado y la clava B.

Procura balancear la clava firmemente, y que los movimientos sean perpendiculares y paralelos a la línea del suelo.

CIRCULO POSTERIOR EXTERIOR

La única diferencia entre este movimiento y el Posterior Interior, es que la dirección se invierte, y en lugar de dejar caer la clava hacia dentro, desde las posiciones mostradas en la figura 12, se lleva hacia fuera, en la dirección mostrada por la clava punteada de la figura 13.

Desde la segunda posición, se lleva la clava con la mano derecha a la posición antes mencionada (figura 13) y se deja caer hacia afuera y hacia abajo, en la dirección A, describiendo un círculo justo al revés que el mostrado en la posición Posterior Interior.

Ejecutar el movimiento Posterior Exterior con la mano izquierda, cuya posición, al comienzo del movimiento, puede verse en la figura 14, dejando caer la clava en la dirección A.

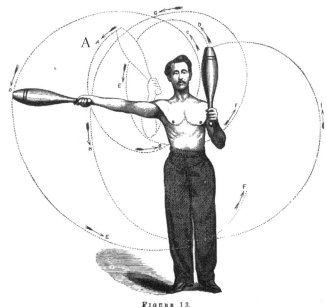

FIGURE 13.

Figure 14

CIRCULO LATERAL INTERIOR

Asume la primera posición. Los círculos laterales deben ser descritos a los lados del cuerpo, y directamente a través y en ángulo recto con la línea del suelo. Lleva la clava en la mano derecha directamente hacia atrás, y con el brazo extendido describe un círculo lateral completo, y cruzando la línea del suelo. Con la mano izquierda repite el movimiento, hazlo de la misma manera.

SIMON D. KEHOE

Fue un exitoso emprendedor del negocio del fitness. Poco se sabe sobre su vida personal, su fecha o lugar de nacimiento. Lo que sí sabemos, es que pasada la primera mitad del siglo XIX, Kehoe se dedicaba a la venta de equipamiento para el entrenamiento físico y el deporte.

Previo a la introducción de las "Indian Clubs" en los Estados Unidos, Simon D. Kehoe ya estaba fuertemente involucrado en la producción, venta y distribución de aparatos gimnásticos.

En 1861, Kehoe viaja a Europa, para regresar unos 4 meses más tarde. Durante su estadía visitó todas las principales ciudades de Inglaterra e Irlanda, poniéndose al corriente de todas las nuevas tendencias en relación al ejercicio físico.

En una ocasión, tuvo la oportunidad de asistir a una exhibición del entonces famoso Strongman, "Professor" Harrison. Allí, Harrison demostró su habilidad con 2 enormes clavas (Mudgar), lo cual impresionó a Kehoe.

Al regresar, organizó sus ideas y utilizando tanto el ingenio como la experiencia, diseñó un modelo de clavas superior al de Inglaterra.

Si bien "The Indian Club Exercise" fue inspirado por una perfomance del strongman "Professor" Harrison, el contenido de sus libros es bastante diferente. Kehoe propone el ejercicio con clavas, no como una manera de convertirse en una persona "excepcionalmente fuerte" [como es el caso de Harrison], sino para el desarrollo de una salud holística, recuperándose así del deterioro causado por el trabajo mental y sedentario.

Cabe aclarar que Kehoe no era un Strongman, Levantador de Pesas o Luchador, sino un hombre de negocios. Los ejercicios presentados en su libro, son en realidad los practicados por: J. E. Russell y Timothy Dermody, ambos campeones amateurs de competiciones con clavas.

La publicación de "The Indian Club Exercise" coincide con el auge del movimiento conocido como "Cristianismo Musculoso" del cual Simon D. Kehoe era consciente y del cual formó parte, en búsqueda de más y mejores clientes para la venta de su equipamiento de fitness.

CRISTIANISMO MUSCULOSO

El "Cristianismo Musculoso" fue un "evangelio social" que afirmaba la importancia del desarrollo de las habilidades físicas para mejorar no solo la salud del cuerpo, sino también la salud mental y la moral.

Según este paradigma, "el ejercicio físico apropiado desarrolla la fuerza física, el carácter y sentido de justicia. Formando a los jóvenes para su trabajo con Dios y la Patria."

Este movimiento se originó en Inglaterra, en medio de la industrialización y urbanización de la "era victoriana", a mediados del siglo XIX. Fue utilizado como un método para desarrollar el carácter en los estudiantes de las escuelas públicas inglesas, bajo la percepción de que la juventud, estaba "perdiendo su virilidad". Luego, se implementó en los Estados Unidos, sobre todo en las escuelas privadas. Así, se comenzó a predicar el "valor espiritual de los deportes", especialmente los deportes de equipo. Esto también impulsó en gran medida a la instauración de la educación física y el deporte en las escuela, e incluso en las iglesias. Un ejemplo de este fenómeno, es la creación de la "Asociación Cristiana de Jóvenes" [YMCA]. De hecho, la incorporación del atletismo al YMCA condujo, entre otras cosas, a la invención del baloncesto y el voleibol.

Si bien nunca se organizó oficialmente, fue una tendencia cultural que se manifestó de diferentes maneras, y fue apoyada por varias figuras del gobierno, las fuerzas armadas y la iglesia, tanto en Inglaterra como en USA.
Está claro que detrás de ese mensaje [que continúa hasta nuestros días] existe una fuerte agenda política y social, asociada al nacionalismo, implícitamente racista, sexista y en gran medida, alineada con el colonialismo británico y la carrera bélica de los Estados Unidos.

CÍRCULO LATERAL EXTERIOR

Invertir el movimiento anterior.

Desde la primera posición, llevar la clava con la mano derecha hacia delante y hacia afuera, y completa el círculo.

Ejecuta el movimiento con la mano izquierda.

MOULINET INTERIOR

Este movimiento es propiamente un círculo lateral, pero se ejecuta con el brazo flexionado, en lugar de realizar un barrido completo. Se llama Moulinet, por ser como un movimiento de ejercicio con sable.

Con una clava en cada mano, asume la segunda posición.

Ahora deja que la clava de la mano derecha caiga directamente hacia delante y hacia afuera del cuerpo, relajando al mismo tiempo el agarre, y dejando que gire libremente entre el pulgar y el índice, mientras pasa hacia un lado y hacia atrás. Describe así un círculo lateral, con el menor movimiento posible del brazo, haciendo la mayor parte del trabajo con la muñeca.

Ejecuta este movimiento con la mano izquierda.

MOULINET EXTERIOR

Este es el reverso del Moulinet Interior, y requerirá un poco de práctica para ser ejecutado sin problemas.

Desde la segunda posición, deja que la clava de la mano derecha caiga hacia atrás, y mediante un giro de la muñeca llévalo completamente en una dirección contraria a la del Moulinet Interior.

Intenta lo mismo con la mano izquierda.

Después de haberte familiarizado con los ocho movimientos anteriores, hasta ejecutarlos con cierto grado de exactitud, puedes comenzar los ejercicios.

EJERCICIO Nº I

Este es un simple movimiento de extensión, y se entiende fácilmente cuando se observa la figura.
Asume la primera posición. Levanta las clavas lentamente, cruzándolas por delante (ver figura), con las palmas de las manos hacia fuera.
Extiende los brazos hacia afuera, lo más que puedas, sin cambiar la posición de las manos, y levanta la clava derecha lentamente hacia arriba, hasta la posición indicada en la figura por las líneas punteadas.
Ejecuta el mismo movimiento con la mano izquierda.
Realiza todo esto lentamente, notando la posición de las manos en la figura, mantén las clavas siempre perpendiculares.
Repite hasta el cansancio.

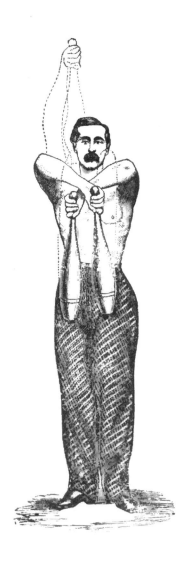

EJERCICIO N° 2

Este es un movimiento de extensión también.
Asume la primera posición, y luego la segunda.
Lleva las clavas a la posición indicada en la figura, y luego súbelas y bájalas lentamente, como se muestra en las líneas punteadas.
Mantén ambas clavas en posición horizontal y paralelas a la línea del suelo.
Repite lentamente hasta el cansancio.
Una variante de este ejercicio puede realizarse intentando girar las clavas hacia atrás, de modo que sus extremos se toquen, sin acercar las manos más de lo que se muestra en la figura 2.

FIGURE 2.

EJERCICIO Nº 3

Asume la segunda posición. Lleva las clavas con los brazos extendidos hacia los lados, sosteniéndolas perpendicularmente, como se muestra en la figura.

Agarra firmemente la empuñadura y extiende completamente el brazo. Déjalo caer lentamente, hasta que la base toque el hombro, describiendo la curva AB, en la dirección indicada en la figura. Haz esto con ambas clavas simultáneamente, y levántalas de nuevo lentamente hasta una posición perpendicular, manteniendo los brazos completamente extendidos.

Al dejar que la clava caiga sobre el hombro, debes relajar el agarre, para mantener el brazo perfectamente recto, lo que te resultará imposible hacer de otra manera.

Ahora, desde la posición de la figura, deja que las clavas bajen lentamente, hacia el frente, en la dirección indicada en el diagrama, hasta que cuelguen perpendicularmente, como se observa con la clava punteada C. En este movimiento no es necesario relajar el agarre.

Levántalas de nuevo a la posición anterior, y repite el movimiento hasta el cansancio.

Se puede hacer una variación de este ejercicio, dejándolas caer hacia atrás hasta que cuelguen perpendicularmente, elevándolas de nuevo a la primera posición.

Estos movimientos son particularmente beneficiosos para fortalecer la muñeca y te ayudarán materialmente en la ejecución de los Moulinets.

FIGURE 3

EJERCICIO Nº 4

Ahora procederemos a ejecutar un movimiento de balanceo.

Con una clava en la mano derecha, asume la primera posición.

Lleva la clava hacia arriba y hacia atrás hasta la posición A, mostrada en la figura, que es el punto de partida del movimiento.

Ahora, balancéala en la dirección indicada por la línea punteada, llevándola hacia arriba, hacia adelante y hacia los lados, hasta la posición B, mostrada por la clava punteada. Este movimiento es por delante del cuerpo, y hacia atrás por el lado izquierdo.

Devuelve la clava con el mismo barrido, como indican las flechas, BBB, hasta la posición A de nuevo.

Repite el movimiento, y mantén el brazo extendido lo más que puedas, asumiendo la posición que muestra la figura.

Cuando te canses con la mano derecha, cambia a la izquierda.

Este ejercicio te permitirá aprender a equilibrarte y a familiarizarte con el peso de la clava.

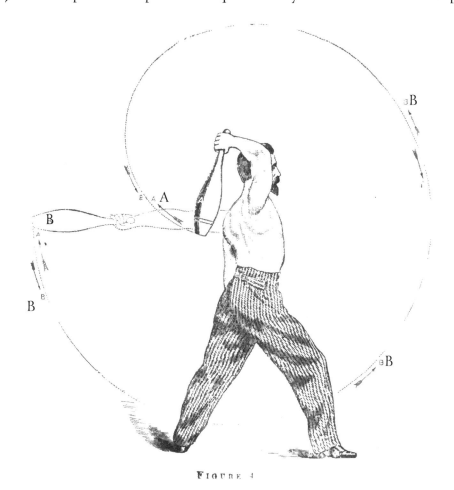

FIGURE 4

EJERCICIO Nº 5

Este ejercicio es una combinación de medios Círculos Laterales y Frontales. Debe ejecutarse con los brazos y las clavas totalmente extendidos.

Partiendo de la primera posición (véase la figura), levántalos lateralmente y hacia arriba, en la dirección indicada por la línea curva y las flechas AB, hasta llegar a la posición mostrada por las clavas punteadas. Ahora has descrito un medio Círculo Frontal Exterior, con cada mano.

Vuelve a colocarlas en la primera posición, en la misma línea (AB) indicada en la figura. Este es el medio Círculo Frontal Interior.

Ahora llévalas hacia el frente, con los brazos completamente extendidos, siguiendo la dirección indicada por las líneas punteadas en la figura, CD. Este es el medio Círculo Frontal Exterior.

Vuelve a llevarlas a la primera posición, siguiendo la misma línea (CD). Este es el medio Círculo Frontal Interior.

El ejercicio puede ser variado, así: Levanta la clava por la línea AB, y vuelve a la primera posición por CD. Esfuérzate en ejecutar estos movimientos de manera firme y suave, balanceando las clavas al frente y a los lados en línea con el suelo.

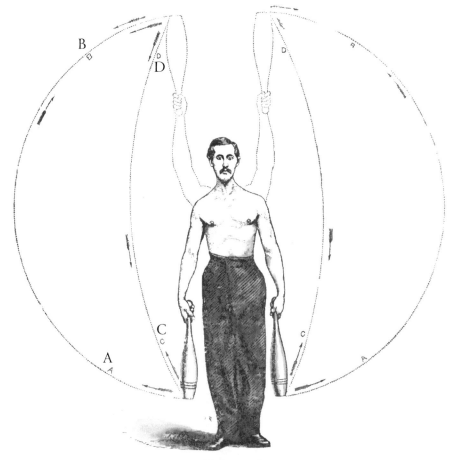

FIGURA 5.

EJERCICIO Nº 6

Este ejercicio es una combinación de los medios Círculos Posteriores Exteriores y los medios Círculos Frontales Exteriores, lo que implica un cambio bastante complejo de uno a otro.

Desde la primera posición, levanta la clava en la mano derecha, horizontalmente, con el brazo extendido, como se muestra en la figura. Ahora déjala caer hacia atrás y hacia abajo al mismo tiempo, doblando el brazo y relajando un poco el agarre, permitiéndole describir el círculo mostrado por la línea punteada, ABC, llegando a la posición indicada por la clava punteada, hacia atrás, sobre la cabeza. Esto es un medio Círculo Posterior Exterior.

Ahora cambia, y ejecuta el medio Círculo Frontal Exterior, llevando la clava rápidamente hacia adelante, para despejar bien el cuerpo al frente. Una vez hecho esto, déjala caer en la dirección DEF, y llévala horizontalmente hasta A de nuevo, lo que forma el medio Círculo Frontal Exterior, y completa el movimiento. Al principio se experimentará alguna dificultad para ejecutar este movimiento.

Al llegar al punto C, lleva la clava rápidamente hacia adelante, todo en el mismo movimiento, estando listo para regresar de nuevo al punto A con un medio círculo Frontal Exterior.

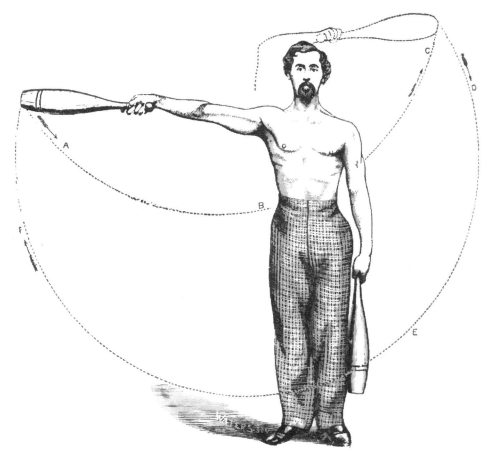

FIGURE 6.

EJERCICIO Nº 7

Este es el Moulinet, llamado así por su semejanza con el movimiento del ejercicio con el sable. Partiendo de la segunda posición, lanza las clavas hacia delante, con los brazos extendidos, directamente por delante del cuerpo, manteniéndolos paralelos y separados al ancho de los hombros. Déjalos caer hacia abajo en la dirección A, indicada en la figura, permitiendo que giren libremente entre el pulgar y el índice, relajando el agarre. Dobla los brazos, cerrando los codos hacia el cuerpo, para hacer que ellos se muevan fácilmente en la dirección indicada en la figura con las clavas punteadas.

No hagas pausas en el movimiento, sino que continúa el círculo en la dirección BC, y repítelo, esforzándote por conseguir el peculiar giro de muñeca, y el giro del codo, tan perfecto como sea posible.

Con un poco de práctica se comprobará que el movimiento no es en absoluto difícil, sino que depende de que se relaje el agarre y se metan los codos en el momento adecuado, para que el círculo pueda describirse de forma firme y directa, como se indica en la figura.

Esfuérzate por ejecutar el Moulinet exterior con ambas clavas cuya dirección es la inversa exacta de este movimiento.

FIGURE 7

EJERCICIO Nº 8

Este ejercicio combina los Círculos Laterales Interiores y Exteriores, completos.

Desde la primera posición, lanza ambas clavas hacia adelante y hacia arriba por encima de los hombros, en la posición mostrada en la figura.

Ahora, llévalos juntos hacia arriba y hacia delante de nuevo, siguiendo las líneas punteadas, en la dirección indicada por las flechas, describiendo el círculo completo ABC.

Al llevar las clavas hacia atrás hasta el punto C, será necesario doblar el cuerpo ligeramente hacia delante, girando las palmas de las manos hacia arriba. Mantén los brazos perfectamente rígidos y rectos, y mueve las clavas uniformemente.

Desde el punto C, invierte el movimiento, y llévalas de nuevo al punto A, como se indica en la figura. Estos dos movimientos son los Círculos Laterales Interior y Exterior, siendo el primero el interior y el segundo el exterior.

Al dejar caer las clavas hacia atrás, saca el pecho y llévalo bien hacia delante, llevando los codos hacia atrás, y dejándolos caer lo más abajo posible, las clavas cuelgan de forma perpendicular. Repite hasta que lo hagas bien.

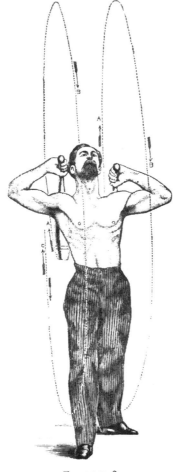

FIGURE 8.

EJERCICIO N° 9

Este ejercicio es para una clava individual, y puedes hacerlo con una clava lo más pesada que puedas, o con aproximadamente el doble del peso de las usadas en pares - digamos de 4,5 a 10 kilos.
Las líneas punteadas y las flechas en la figura explican el movimiento completamente.
Comienza en la segunda posición, en A, y lleva la clava hacia arriba y por encima del hombro hasta la posición B.
A continuación, llévala hacia arriba y hacia delante, en la dirección CD, y tan atrás como se muestra en E, retornando a la segunda posición de nuevo, por la línea FGH, como indican las flechas de la figura.
Adopta la posición indicada en la figura, tirando el pecho y los hombros hacia delante.
Repite el movimiento hasta el cansancio, iniciando con cualquiera de los dos brazos, y alternando el derecho y el izquierdo.

FIGURE 9.

EJERCICIO Nº 10

Se trata de una combinación de los Moulinets Interior y Exterior con un medio Círculo Lateral Interior y Exterior. Iniciando desde la segunda posición, (mostrada en la figura por la clava punteada) lleva las clavas por detrás de los hombros, a la posición mostrada en la figura. Desde este punto comienza el movimiento, que es muy bonito, y requerirá el Moulinet exterior. Mueve las dos clavas juntas y de manera uniforme.

Desde el punto A, balancea ambas clavas hacia arriba y adelante, en la dirección indicada por la línea y las flechas, ABC, y luego describe un Moulinet frontal, que las llevará por la línea punteada hasta D. Continúa el movimiento en la dirección DE, describiendo el medio Círculo Lateral Interior, que termina en F, y completa la mitad del ejercicio.

Ahora retórnalas en la dirección G -en la misma línea- describiendo primero un medio Círculo Lateral Exterior, y luego el Moulinet inverso, siguiendo la línea de puntos hasta la posición A de nuevo. El reverso del Moulinet Interior es algo difícil, pero con un poco de paciencia y práctica podrás dominarlo. Esfuérzate por ejecutar los movimientos sin dificultad, con las clavas juntas y paralelas, y separadas lo suficiente como para compensar el cuerpo de forma agradable.

FIGURE 10.

EJERCICIO Nº 11

Este movimiento es una combinación de los Círculos Laterales Interiores y Exteriores, el Interior se hace con un brazo, y el exterior simultáneamente con el otro.

Desde la primera posición, lleva la clava de la mano derecha hacia adelante, y la de la izquierda hacia atrás, como se muestra en la figura, con la derecha describe un Círculo Lateral exterior completo, y con la izquierda un Círculo Lateral Interior completo, en la dirección indicada por las flechas. Las clavas se cruzarán, cuando se encuentren perpendicularmente por encima de la cabeza, y de nuevo cuando lleguen a la primera posición.

A continuación, invierte el movimiento, realiza con la mano derecha el Círculo Lateral Interior y con la izquierda el Círculo Lateral Exterior.

Al ejecutar estos movimientos, mantén los brazos completamente extendidos, y balancea la derecha uniformemente con la izquierda, cruzando las clavas como se ha descrito anteriormente. Gira el cuerpo de lado a lado, lo que encontrarás necesario para poder hacer un círculo perfecto.

FIGURE 11.

EJERCICIO N° 12

Este movimiento, cuando se ejecuta bien, es uno de los más bellos y graciosos de toda la serie. Se llama "el Horizontal", por el hecho de que, en la terminación de los círculos, o barridos, en el punto de inversión de los mismos, ambas clavas están en posición horizontal; una directamente por encima y detrás de la cabeza, y la otra con el brazo extendido hacia el lado, como se ve en la figura.

Esto se llama un movimiento simultáneo; el tiempo del movimiento del brazo derecho, al completar la mitad de la figura, es el mismo que el del izquierdo, que está completando la otra mitad. En este sentido, este ejercicio es algo similar al N° 6.

Para entender bien el movimiento, entraremos un poco en detalles. Toma primero una clava en la mano derecha, y llévala a la posición A (ver figura), horizontalmente, por encima de la cabeza, y bien hacia atrás, para que, al caer, no toque la cabeza ni los hombros.

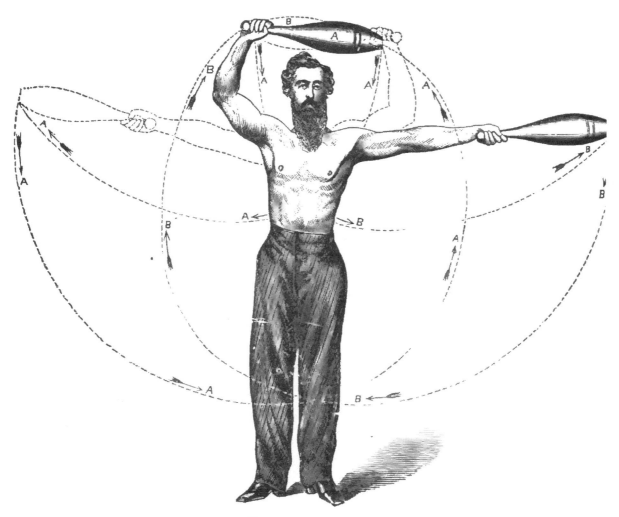

FIGURE 12.

Ahora déjala caer, describiendo un medio Círculo Posterior Interior, en la dirección de la línea hacia atrás, AAA (ver figura), al mismo tiempo estirando el brazo y llevando la clava en posición horizontal, con el brazo extendido, en el lado derecho, como muestra el brazo punteado en la figura.

Ahora lleva la clava hacia delante por el Círculo Frontal Exterior, siguiendo la línea frontal, AAA, en la dirección de las flechas, pero en lugar de llevarla completamente alrededor, acorta el barrido doblando el brazo, al pasar por delante del cuerpo, y llévala de nuevo hacia arriba y por encima de la cabeza, hasta la posición A, de donde partió, como se muestra en la figura.

Repite esto hasta que lo hagas sin dificultad. Observa el movimiento particular de llevar la clava rápidamente hacia atrás, al pasar por encima de la cabeza, para permitirle esquivar la cabeza libremente al caer de nuevo hacia atrás.

Practica con la mano izquierda, cuyas posiciones puedes encontrar tomando como referencia la figura, siendo relativamente iguales a las de la derecha.

EJERCICIO Nº 13

Este ejercicio es más difícil de describir que de ejecutar. Se le conoce familiarmente como el "Molino de Viento", por su semejanza con los cuatro brazos de un molino de viento que se suceden entre sí en una sola dirección.

Esta bella figura consta de cuatro movimientos distintos del Alfabeto, que se suceden sucesivamente, y que se alternan con los brazos derecho e izquierdo; comenzando primero con el Frontal Interior, brazo derecho; segundo, el Posterior Interior, brazo izquierdo; tercero, el Posterior Exterior, brazo derecho; y cuarto, el Frontal Exterior, brazo izquierdo; repitiendo luego desde el primero, a voluntad.

Se observará que todos los círculos se describen en la misma dirección, y que cada clava sigue de cerca a la otra, lo que da al movimiento una similitud con el molino de viento, lo que dio lugar a su nombre.

Asume la segunda posición. Comenzando con la mano derecha, describe un Círculo Frontal Interior, en la dirección DEF, (ver figura,) y en el momento en que llega al punto F, se arranca con el brazo izquierdo, en la dirección D -indicada por la flecha- y se describe un Círculo Posterior Interior, DEF, (ver figura,) al que sigue uno Posterior Exterior con el brazo derecho, que se ha ubicado en posición para su ejecución. (Ver ABC, en la figura.)

Inmediatamente sigue con el brazo izquierdo de nuevo, que está en G, ejecutando el movimiento Frontal Exterior por la línea GHI (Ver figura).

FIGURE 13.

EJERCICIO Nº 14

Este ejercicio es una variación del número 13, es similar en los detalles difiriendo únicamente en que las clavas se llevan juntas, en compañía, en lugar de alternadas.

Desde la segunda posición, levanta las clavas, como se indica en la figura, en preparación para ejecutar simultáneamente el Círculo Posterior Interior con el brazo derecho y el Círculo Posterior Exterior con el izquierdo.

Deja que ambas clavas caigan juntas en la dirección indicada por las flechas AA y BB, describiendo cada uno sus respectivos Círculos Posteriores, y moviéndose exactamente juntos en la misma dirección, y retornando a la posición mostrada en la figura.

Ahora sigue las líneas CC, en la dirección DD, con ambas clavas en estrecha compañía, describiendo con la derecha un Círculo Frontal Exterior, y con la izquierda un Círculo Frontal Interior, regresando de nuevo a la posición mostrada en la figura. Ahora, los Posteriores Interiores de nuevo, luego los Frontales, y así alternativamente, y así se logra el movimiento.

Una variación de la dirección del movimiento hacia la derecha -una inversión de lo anterior- completa este ejercicio.

EJERCICIO Nº 15

Este ejercicio es una combinación de los Círculos Frontales y Posteriores, lo que requiere un poco de práctica y cierta habilidad en su ejecución. Es un movimiento muy fino, además de difícil.

Ten cuidado y evita la colisión cuando las clavas se cruzan. En un principio, sería bueno practicar este movimiento con una clava muy ligera.

Al ir a la figura, se verá que las clavas se cruzan entre sí, cerca de las manos, que es el secreto del movimiento, y cuando se lleva a la posición mostrada, se acercan las manos, el punto de cruce puede estar en la parte más pequeña de la clava.

La posición aparente de las clavas, en la figura, es directamente sobre la cabeza, pero deben estar lo suficientemente atrás para esquivar bien los hombros.

Comienza el movimiento con los Círculos Posteriores Interiores, simultáneamente con la derecha y la izquierda, y sigue con los Círculos Frontales Interiores, repitiendo cada uno alternadamente.

FIGURE 15.

Desde la posición indicada en la figura, deja que cada clava caiga hacia abajo, el de la mano derecha siguiendo la línea de puntos, ABCDE, y el de la izquierda siguiendo la misma línea, en la dirección inversa. Las clavas deben, por supuesto, cruzarse entre sí, y moverse juntas, tanto por detrás como por delante, como indican las líneas punteadas de la figura.

Al ejecutar los Círculos Posteriores, hay que tener presente el cruce de las clavas, que pueden cruzarse entre sí a ambos lados. Sin embargo, es bueno practicar el paso de las clavas alternadamente, a la derecha y a la izquierda, por detrás.

Aprende a hacer bien los Círculos Posteriores antes de intentar la combinación de los Frontales.

EJERCICIO N° 16

Al observar la figura, este ejercicio parece un poco complicado, pero es comparativamente fácil y simple después de haber dominado los dos movimientos que forman la combinación: Los círculos Posteriores Interiores simultáneamente, (como en el ejercicio N° 15), y el doble Moulinet Frontal (como en el ejercicio N° 7).

Iniciando desde la segunda posición, lleva las clavas a la posición mostrada en la figura, como preparación para la ejecución de los Círculos Posteriores Interiores.

Al concluir los Círculos Posteriores Interiores, lleva las clavas juntas hacia adelante, en posición para ejecutar el Moulinet hacia adelante, como se muestra en el Ejercicio No. 7. Luego, sin pausa en el movimiento, lleva las clavas hacia arriba y hacia atrás, como se muestra en la figura, y repite alternativamente los dos movimientos, a voluntad.

Las líneas punteadas y las flechas mostradas en la figura indican el movimiento, pero después de que te hayas familiarizado con los diferentes movimientos de los ejercicios anteriores, una explicación escrita será tan fácil de entender como una figura o un diagrama, y en este caso, más.

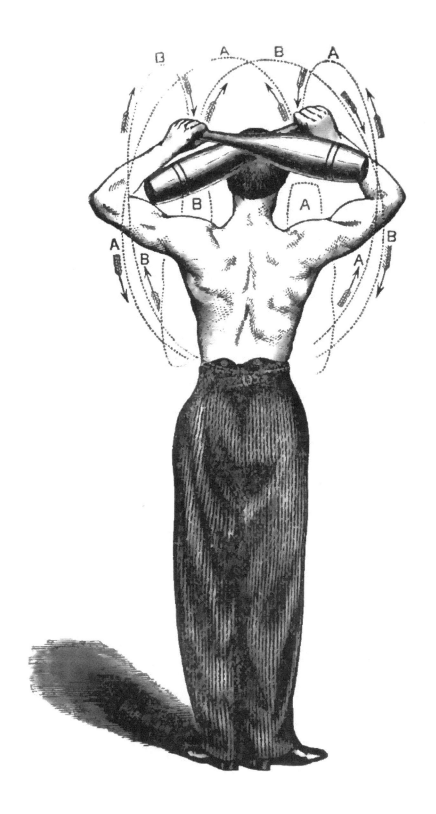

FABRICA TU PROPIA CLAVA 3
Clava liviana de hierro

Esta será nuestra primera clava casera con un peso considerable. Dependiendo el material y la forma, podremos conseguir entre 1 y 2 kg de carga. Los del ejemplo son caños de gas con recubrimiento de Epoxy, pero puede ser cualquier tipo de caño de hierro.

1 Tapa 3/4"

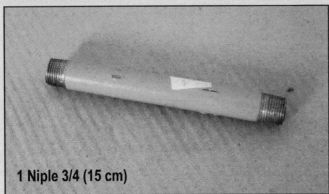

1 Niple 3/4 (15 cm)

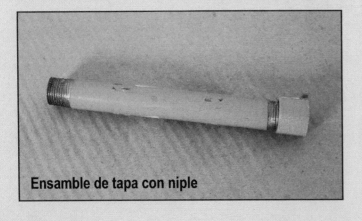

Ensamble de tapa con niple

LISTADO DE COMPRAS

- 1 Tapa 3/4"
- 1 Niple 3/4 (15 cm)
- 1 Cupla de reducción de 1" a 3/4"
- 1 Rosca de 1"
- 2 Cuplas de 1"
- 1 Niple de 1" (10 cm de largo)
- 1 Rosca de 1"
- 1 Tapa de 1"

Cuando escribimos 3/4" se lee como "tres cuartos de pulgada".

Cuando escribimos 1" se lee como "una pulgada".

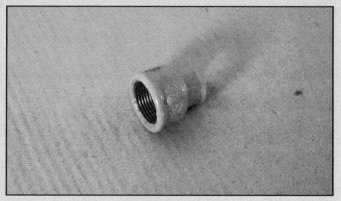

1 cupla de reducción de 1" a 3/4"

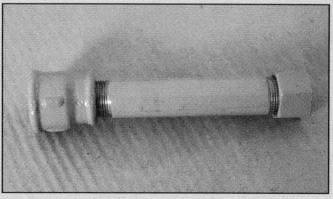

Ensamble de mango (niple y tapa) con cupla de reducción

1 Rosca de 1"

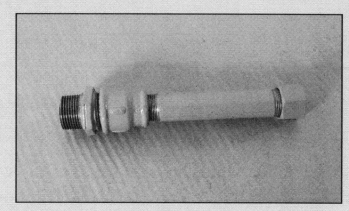

Ensamble de mango con buje de reducción

1 cupla de 1"

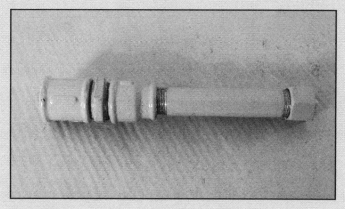

Ensamble de cupla de 1" con mango

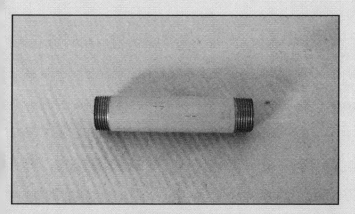

1 niple de 1" (10 cm de largo)

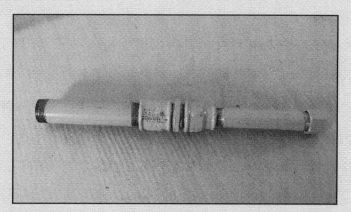

Ensamble de niple con el mango

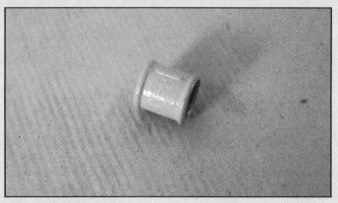
1 cupla de 1"

1 rosca de 1"

Ensamble de cupla con mango

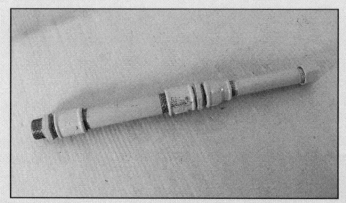
Ensamble de rosca con mango

1 tapa de 1"

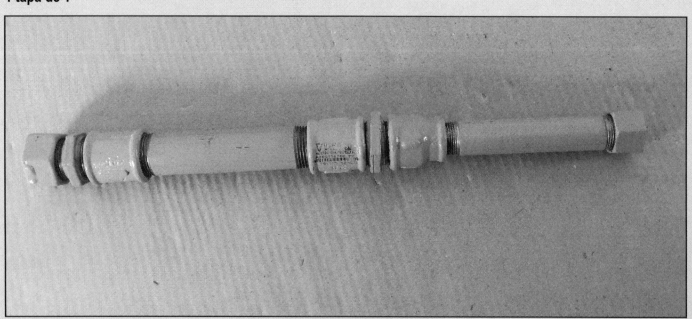

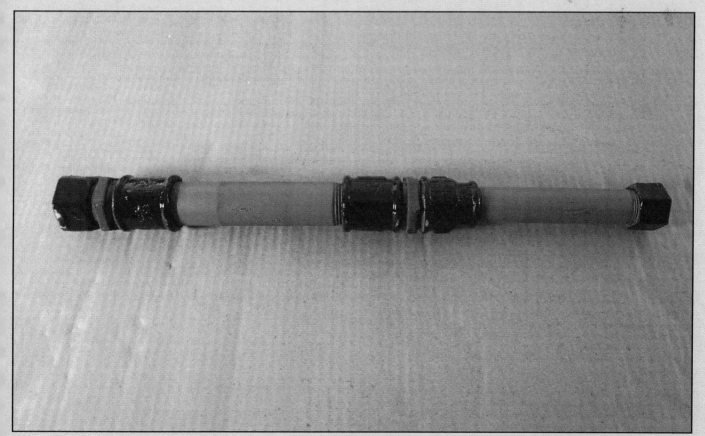

INDIAN CLUBS

E. FERDINAND LEMAIRE

CAPITULO IV - TODOS LOS PESOS
E. FERDINAND LEMAIRE
CLAVAS INDIAS Y COMO USARLAS. LONDRES. 1889

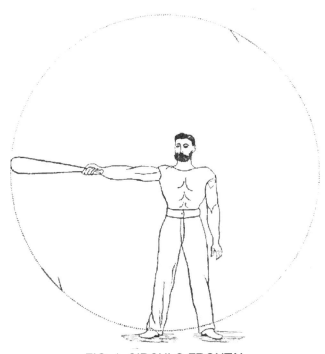

FIG. 1. CIRCULO FRONTAL

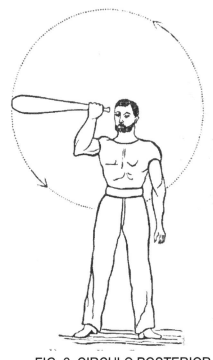

FIG. 2. CIRCULO POSTERIOR

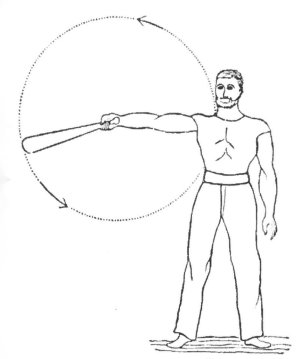

FIG. 3. CIRCULO DE MUÑECA LATERAL

FIG. 4. CIRCULO FRONTAL DE MUÑECA

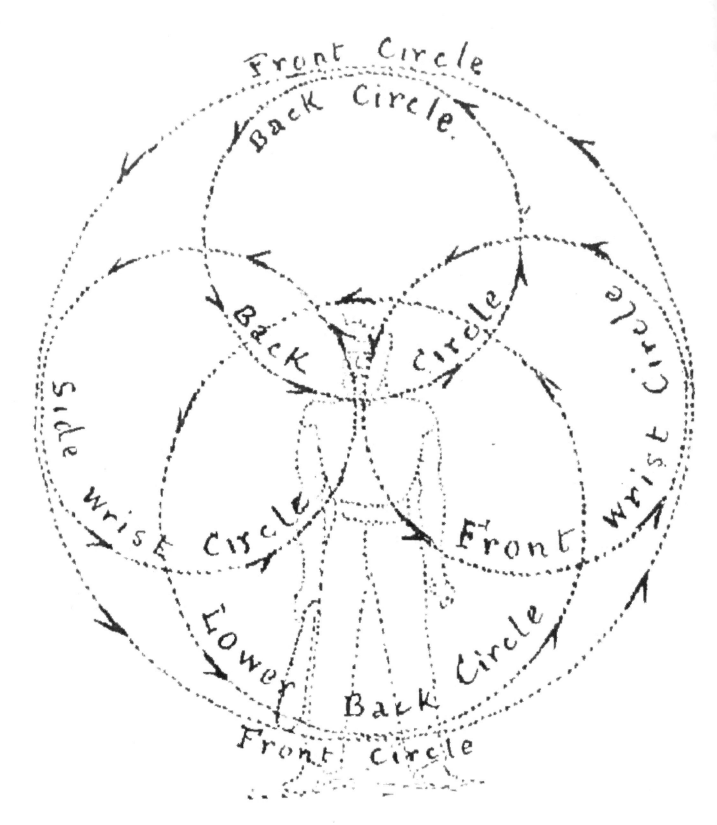

POSICION RESPECTIVA DE LOS CIRCULOS DE LA PRIMERA SERIE

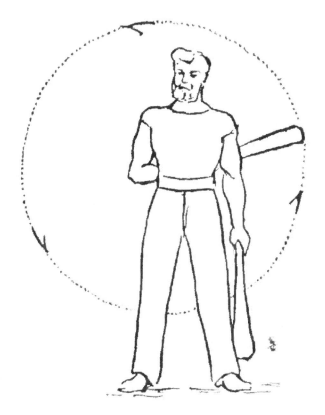

FIG. 5. CIRCULO BAJO POSTERIOR

FIG. 6. CIRCULO FRONTAL INVERSO

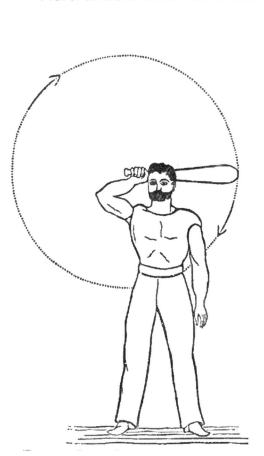

FIG. 7. CIRCULO POSTERIOR INVERSO

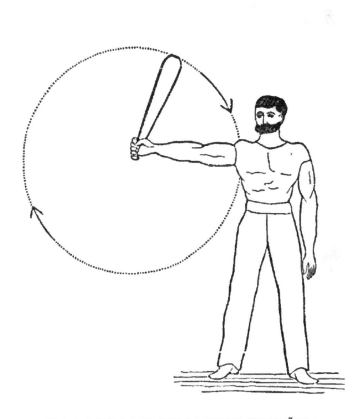

FIG. 8. CIRCULO INVERSO LATERAL DE MUÑECA

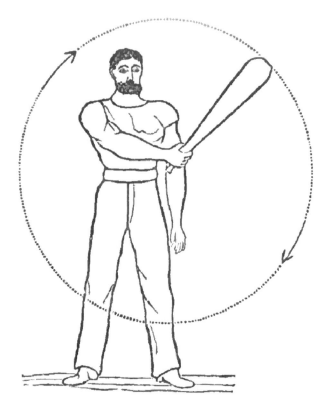

FIG. 9. CIRCULO DE MUÑECA FRONTAL INVERSO

FIG. 10. CIRCULO POSTERIOR INVERSO

LA BATALLA DE LOS SISTEMAS

Fue una controversia para determinar "el mejor sistema de ejercicios y calistenia", para aplicar en las instituciones educativas de los Estados Unidos, luego de que la Educación Física se declara obligatoria.

La Gimnasia Alemana:

Este sistema, diseñado originalmente por el esfuerzo conjunto de Johann GutsMuths y Friederich Ludwig Jahn, utilizaba aparatos gimnásticos (anillas, barras paralelas y barra fija), incluía los "volteos" (eludir obstáculos mediante saltos y maniobras gimnásticas) y ejercicios de marcha. Jahn creía que el acondicionamiento físico de los ciudadanos, era esencial para la formación de una nación fuerte.

El sistema alemán tenía una visión "militar" del fitness, con un estilo formal y muy estricto de entrenamiento físico. El propósito de Jahn en promover lo que se conoce como el "movimiento de los Turnverein", era el de moldear a la juventud para convertirlos en ciudadanos fuertes. La gimnasia alemana, crea las bases para la creación del deporte conocido como "Gimnasia Artística". Fue presentado en los Estados Unidos por el alemán Charles Beck. Si bien estaba basado en el trabajo e ideas de Jahn, el sistema americano, le daba menos importancia a la idea del nacionalismo.

La Gimnasia Sueca:

También llamada "Movimiento Sueco para la Sanación", contaba con un enfoque orientado a la salud y fundamentada en los valores de la medicina europea de esa época. Fundada

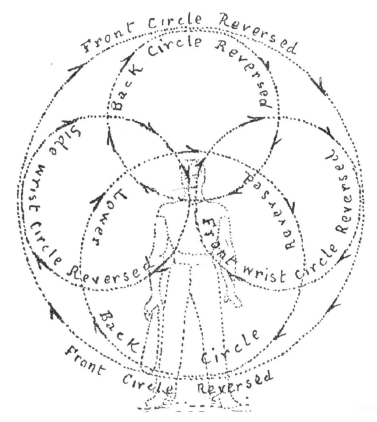

POSICION RESPECTIVA DE LOS CIRCULOS DE LA SEGUNDA SERIE.

por Pehr Henrik Ling [1776-1839], la "gimnasia liviana" no requería el uso de aparatos y consistía en ejercicios y calistenia realizados con el peso del propio cuerpo. Este sistema, era más libre y menos rígido que su contraparte alemana. En los Estados Unidos, fue presentado en la década de 1880 por el gimnasta noruego, Hartvig Nissen y el patinador sueco, Nils Posse.

Estos dos sistemas fueron los más famosos ya que fueron implementados satisfactoriamente en las escuelas militares y universidades de varios países Europeos.

Otras escuelas que contribuyeron a la educación física como la conocemos hoy en día, fueron el "Sistema De Cultura Física de Delsarte", el "Sistema de Sargent" (creado por el norteamericano, Dudley Allen Sargent) y la "Escuela Deportiva Inglesa", Este último, otorgaba importancia a la recreación, a las reglas y a la competición en los ejercicios, desvinculandose del rendimiento deportivo y asociándose con la organización y la libertad de los alumnos en las prácticas.

Sin embargo, ninguna de estas escuelas se proclamó vencedora en esta puja socio política. En diferentes regiones y por diferentes razones, los sistemas eran aceptados con mayor o menor entusiasmo y el público general cambiaba su preferencia, siguiendo "la última tendencia". Con el tiempo, todos estos sistemas fueron desapareciendo, a medida que los avances en la ciencia y la investigación, revelaban como falsas, muchas de las afirmaciones de sus promotores. De todas maneras, cada una de estas escuelas sobrevive, de una manera u otra en la educación física moderna.

CAPITULO I

OBSERVACIONES PRELIMINARES Y EJERCICIOS FUNDAMENTALES

Los ejercicios con clavas Indias son quizás los más difíciles de explicar de forma clara y entendible en un libro. Me he esforzado por llevarlos a su forma más sencilla, y para ello he creado unos ejercicios fundamentales, que se encuentran antes de este capítulo. Un vistazo a estos ejercicios mostrará que los he dividido en tres series. Todo el arte de las clavas indias está comprendido en las diez figuras allí representadas. Los ejercicios más complejos no son más que una combinación de esas diez figuras. La segunda serie no es más que el reverso de la primera serie, y la tercera serie es una combinación de la primera y la segunda; por esta razón no hay figuras para mostrar la tercera serie. Los ejercicios correspondientes a esta serie se encuentran en su correspondiente lugar en el libro.

No hay que olvidar que he dado un nombre a todos los círculos representados en los ejercicios fundamentales. También se verá que en la segunda serie he añadido la palabra "invertido" con el fin de facilitar la comprensión de cómo debe hacerse el ejercicio, ya que, habiendo dominado un ejercicio de la primera serie, que va de derecha a izquierda, el ejercicio correspondiente en la segunda serie es la clava yendo en la dirección opuesta, o camino "invertido", de izquierda a derecha. Ahora quiero que se preste especial atención a la dirección de las flechas en los círculos punteados que representan, en las figuras, la dirección de las clavas. La dirección de la clava derecha está marcada con líneas punteadas así .... mientras que la dirección de la clava izquierda está representada por una línea de pequeños trazos así ------------.

Todos los ejercicios fundamentales se muestran como hechos con el brazo derecho; y se verá que los ejercicios de la primera serie, cuando se hacen con el brazo derecho, van todos de derecha a izquierda, pasando hacia abajo; y los ejercicios de la segunda serie, hechos con el brazo derecho, van todos de izquierda a derecha, pasando hacia abajo. Pero si se utiliza el brazo izquierdo en lugar del derecho, entonces los ejercicios de la primera serie van de izquierda a derecha, y los de la segunda serie de derecha a izquierda. Todo esto es muy importante para los principiantes, ya que les facilitará en gran medida un aprendizaje rápido si se entiende bien. Puede parecer muy complejo en las figuras, pero si, mientras se lee esto, se sostiene una clava para ejecutar el movimiento, y se siguen mis instrucciones, entonces todo esto será inmediatamente entendido y tal vez recordado.

Tengo especial interés en ofrecer desde un principio, toda la información práctica que considero necesaria, ya que no hay nada mejor que un buen comienzo.

Los principiantes no deberían intentar nunca los ejercicios más complicados hasta que no hayan dominado a fondo los más sencillos. Así se acostumbrarán al manejo de las clavas y estarán mejor preparados para las combinaciones más difíciles. No hay que apresurarse en los ejercicios, así se contará con el tiempo necesario para usar el cerebro, lo que es muy necesario en los ejercicios con clavas indias, especialmente cuando se utilizan las dos clavas al mismo tiempo.

Ahora explicaré los ejercicios fundamentales que deben ser aprendidos primero, con excepción del quinto círculo de cada serie. Estos no deben intentarse hasta que ustedes se sientan suficientemente competentes; por esta razón los explicaré donde considero más conveniente. Los diferentes círculos deben ser reconocidos por los nombres que yo les he dado, ya que esto será de gran ayuda mientras avanzamos, y me ahorrarán una gran cantidad de repeticiones innecesarias, permitiéndome referirme a ellos simplemente por sus nombres, y así el aprendiz entenderá de inmediato lo que se desea decir cuando encuentre esos nombres en la descripción de las diferentes combinaciones explicadas más adelante en el libro. También adoptaré el mismo sistema con respecto a las figuras. De ser necesario, primero explicaré la figura en detalle, y luego la simple mención de la figura significará que las clavas deben usarse o sostenerse como se muestra en dicha figura. Debo solicitar que se preste mucha atención a la posición de las clavas, los brazos y las manos, tal como se presenta en las figuras.

La posición inicial de todos los ejercicios con las clavas indias se muestra para un brazo en la figura 12, para ambos brazos en la figura 13. Antes de prepararse para cualquier ejercicio, y después de hacerlo, las clavas pueden bajarse o sujetarse como en la fig. 11.

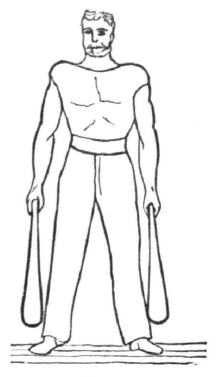

Fig. 11.

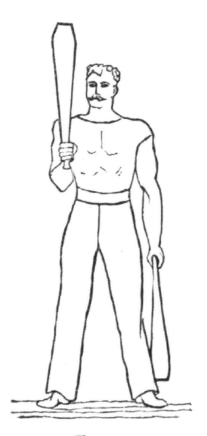

Fig. 12.

Fig. 13.

Los pies deben estar separados unas 45 cm, para dar firmeza al cuerpo, que debe estar erguido, pero no rígido. La posición adecuada de los pies se observa en las ilustraciones. Debe prestarse gran atención a la pulcritud y a la buena posición del cuerpo, ya que, además de dar una apariencia elegante, permitirá un movimiento más uniforme de los diversos músculos que trabajan. Los brazos deben moverse libremente, sin tirones fuertes, que podrían causar daños severos en la articulación del codo. En una palabra, las clavas deben ser siempre balanceadas con elegancia, facilidad, y con un movimiento regular.

No hay que hacer seguimiento a la clava ya que esta es atraída por su peso, como se muestra en las Figs. 14 y 15.

Fig. 15.

Fig. 14.

Este mal hábito, de acortar la distancia entre el hombro y los pies, con frecuencia hace que la clava golpee los dedos del pie. Inclínate ligeramente en la dirección opuesta a la que va la clava (Figs. 16 y 17).

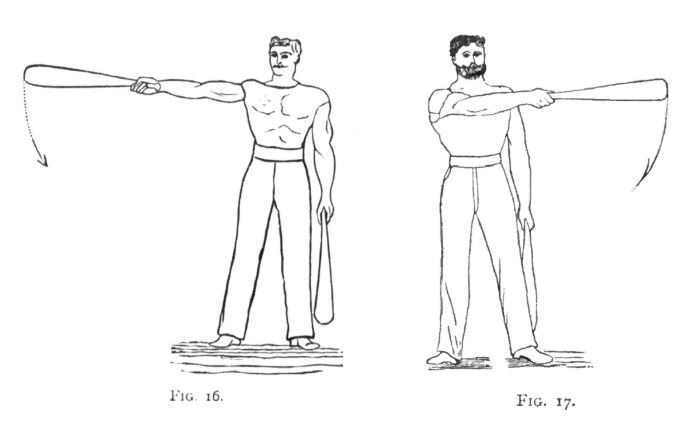

FIG. 16.   FIG. 17.

Este consejo será muy útil cuando se utilicen clavas bastante pesadas, y cuanto mejor se realice, más pesadas podrán ser las clavas.

Trabajar en frente de un espejo es de gran ayuda, ya que se logra mayor precisión y una buena posición, además de reflejar los fallos que puedan producirse.

Por supuesto, el alumno debe conocer a fondo un ejercicio antes de intentar otro. Si se sigue esta regla, todo resultará muy fácil más adelante, ya que he dividido los ejercicios y las series de tal manera que uno funciona dentro del otro. En cuanto a las series, mantendré la misma progresión de ejercicios para todas, de modo que, si se conoce bien el orden de la primera serie, el de la segunda será conocido antes de empezar a aprenderlos. Sin embargo, al final del libro se encontrará una tabla con indicaciones sobre el orden en que deben aprenderse los ejercicios de cada serie. El motivo para hacer esto es que, de esta manera, las tres series se aprenderán gradualmente al mismo tiempo, y se dará tiempo al alumno para llegar a dominar algunos de los ejercicios más simples de las tres series antes de llegar a los más difíciles.

Ahora procedemos a realizar los ejercicios fundamentales. Todos los ejercicios pueden hacerse unas doce o quince veces seguidas.

Círculo Frontal – Figs. 1 y 18. Agarra las clavas como se muestra en la Fig. 11;

Luego pon el brazo derecho en la posición inicial como se muestra en la Fig. 12; esta posición inicial también se muestra en la Fig. 18. Desde allí empuja la clava hacia la derecha, con el brazo recto, como se muestra en el brazo y la clava punteados de la Fig. 18; describe un círculo perfecto con el brazo derecho y regresa a la posición inicial de la Fig. 12, y desde allí hacia abajo como se muestra en la Fig. 11.

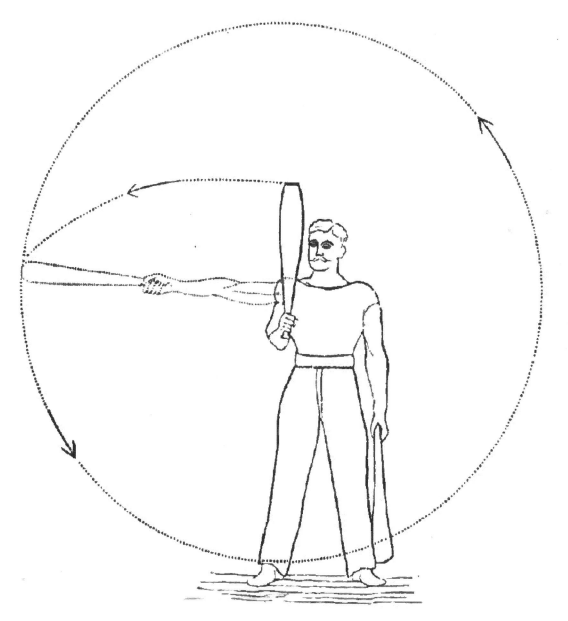

Fig. 18

Círculo Frontal con el Brazo Izquierdo – Fig. 19. Es el mismo ejercicio anterior, pero iniciando con el brazo izquierdo, por supuesto, va hacia la izquierda en lugar de ir hacia la derecha.

Círculo Frontal Invertido – Figs. 6 y 20. Sostén las clavas como en la Fig. 11, brazo derecho arriba, Fig. 12; desde allí empuja la clava hacia la izquierda, brazo recto, como se puede ver en el brazo y clava punteados de la Fig. 20; describe un círculo perfecto con el brazo recto, pasando la clava por delante del cuerpo en la dirección de las flechas de los círculos punteados, Figs. 6 y 20. Realiza unos quince círculos seguidos, luego regresa a la posición inicial, Fig. 12, y luego hacia abajo, Fig. 11.

Círculo Frontal Invertido con el Brazo Izquierdo – Es el mismo ejercicio anterior, pero con el brazo izquierdo, iniciando el movimiento de la clava hacia la derecha, Fig. 21.

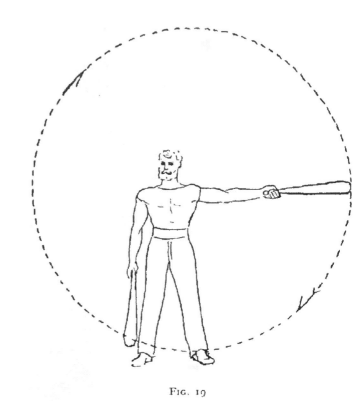

Fig. 19

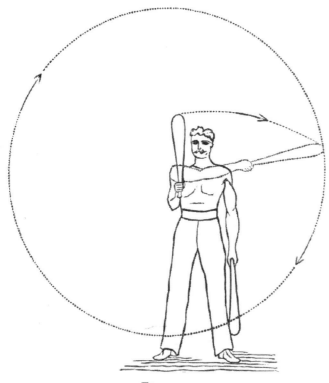

Fig. 20.

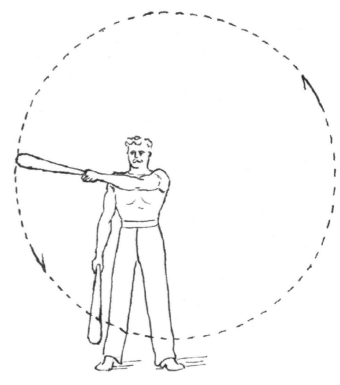

Fig. 21.

ORTHOPAEDIA: CLAVAS Y GIMNASIA REMEDIADORA

La presentación del uso de "clavas indias" en el campo de la medicina, durante la década del 1830, fue una continuación de prácticas medicas pre existentes que utilizaban la actividad física como tratamiento.

En el siglo 18, el interés por la salud tanto pública como privada creció exponencialmente. En consecuencia, muchos médicos, tales como George Cheyne, recomendaban el ejercicio físico como método para alcanzar la salud, lo cual normalizó este tipo de prácticas. Al mismo tiempo, Nicolas Andry, en su aclamado libro "Orthopaedia" [1743], establece el "ejercicio con clavas" como una práctica médica reconocida, utilizada principalmente para corregir la postura y mejorar la salud de la columna vertebral.

Este incremento en el interés por el ejercicio por parte de la comunidad médica, estuvo relacionado con el fracaso en sus intentos de contener los brotes de cólera y tuberculosis que azotaron a Inglaterra entre 1820 y 1830. Así, en búsqueda de alternativas a la medicina utilizada hasta ese entonces, es que surgen las "Artes Restaurativas", también conocidas como "Ortopedia" y "Gimnasia Remediadora", prototipos de lo que hoy conocemos como "Fisioterapia".

En la década de 1840, la idea de que "la prevención era mas importante que la cura", era de uso común entre los médicos, y este enfoque no solo se refería a las enfermedades contagiosas, sino también a las sociales, como la obesidad o la fatiga crónica. También, el mensaje de que "ejercitarse desde una temprana edad, reduce las chances de verse afectado por enfermedades en la adultez", se convirtió en una especie de mantra, para gran parte de la población.

Esta particular situación, facilitó en gran medida la aceptación del uso de las "clavas indias" en la sociedad inglesa.

El famoso "Arbol de Andry", de su libro Orthopaedia [1753]. Andry fue el inventor del termino. Ortho se refiere a "erguido o derecho" y Paedia "niñez". Su libro se concentraba en la prevención y correción de desviaciones de la columna y los huesos en los niños.

Círculo Posterior – Figs. 2 y 23. Sujeta la clava como en la Fig. 11, luego hacia arriba como en la Fig. 12. Desde allí levanta la clava como se muestra en la Fig. 22; luego gírala hacia la derecha como en la Fig. 23, llevando la mano cerca de la oreja derecha; el codo queda bien al frente, casi a la altura de la barbilla, Fig. 23. Presta mucha atención a esta posición del codo, ya que ayuda mucho a conseguir este círculo perfecto.

Desde la posición de la Fig. 23, deja que la clava oscile por detrás de la cabeza en la dirección de las líneas punteadas, Figs. 2 y 23; pero observa que cuando la clava llega a la parte de atrás de la cabeza, como en la Fig. 24, el codo cambia de posición y se ubica bastante lateral, ver Fig. 24; entonces la clava termina su recorrido hasta que llega de nuevo a la posición de la Fig. 22, con el codo por delante y lista para empezar otro círculo.

En este ejercicio no debe haber ninguna detención, como en ninguno de los ejercicios con clavas, pero se recomienda hacer éste dos o tres veces lentamente, siguiendo cuidadosamente las indicaciones de las figuras. Haz el círculo unas quince veces sin parar, y luego regresa como de costumbre a las posiciones de las Figs. 12 y 11. Este modo de terminar todos los ejercicios debe ser ahora tan bien entendido que no me referiré a él más, debe realizarse siempre que se empiece o se termine. Por supuesto, cuando se usan ambas clavas al mismo tiempo, el inicio y el final se hacen como se muestra en la Fig. 13. (Ver página 122 para las observaciones sobre la posición).

Fig. 22.

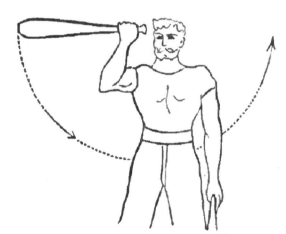

Fig. 23.

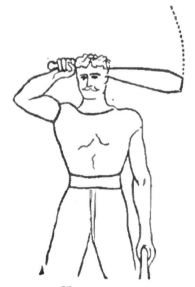

Fig. 24.

Círculo Posterior con el Brazo Izquierdo – Es el mismo ejercicio anterior, pero con el brazo izquierdo en lugar del derecho, comenzando hacia la izquierda con el extremo de la clava en posición bien a la izquierda. Fig. 25.

Observando las figuras, en el círculo posterior se verá que en un comienzo los nudillos están orientados hacia adelante, y en el final están orientados hacia atrás; de hecho, siguen el movimiento del codo.

Círculo Posterior Invertido - Figs. 7 y 27. Desde la posición inicial, levanta la clava como se muestra en la Fig. 26. Aquí, debe observarse que la posición del codo es inversa a la del círculo posterior simple. Observando las figuras, en el círculo posterior se verá que en un comienzo los nudillos están orientados hacia adelante, y en el final están orientados hacia atrás; de hecho, siguen el movimiento del codo. Esta acción de la mano es muy importante.

Círculo Posterior Invertido - Figs. 7 y 27. Desde la posición inicial, levanta la clava como se muestra en la Fig. 26. Aquí, debe observarse que la posición del codo es inversa a la del círculo posterior simple.

Fig. 26.

Fig. 25.

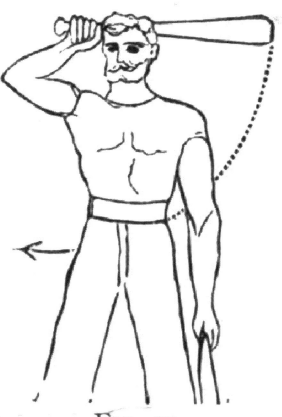

Fig. 27.

En el círculo posterior invertido, el codo primero retrocede bien hacia atrás, Fig. 26; luego la clava apunta a la izquierda y se deja caer por detrás de la cabeza en la dirección de las flechas de los círculos punteados de las Figs. 7 y 27; pero cuando la clava llega por detrás de la espalda en la posición de la Fig. 28, el codo avanza como se ve en la Fig. 29, y permanece así hasta la Fig. 30.

Fig. 28.

Fig. 29.

Fig. 30.

Para iniciar otro círculo, retoma la posición de la Fig. 26, con el codo bien hacia atrás.

Realiza este ejercicio lentamente en un comienzo, dando seguimiento a las figuras, y cuando el ejercicio esté totalmente entendido, haz unos quince círculos seguidos sin parar. Hay que observar de nuevo la posición de los nudillos; al principio del círculo están hacia atrás, al final están hacia delante.

Círculo Posterior Invertido con el Brazo Izquierdo. Es el mismo ejercicio anterior, pero con el brazo izquierdo en lugar del derecho, iniciando con la clava hacia la derecha, y apuntando con ella hacia la derecha. Fig. 31.

Círculo de Muñeca Lateral. Figs. 3 y 32. Sostén la clava con el brazo derecho, como se muestra en la Fig. 33.

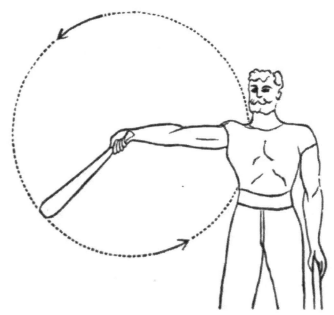

FIG. 32.

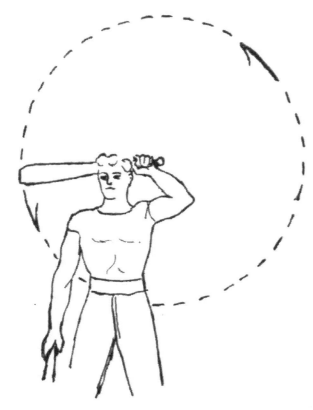

FIG. 31.

FIG. 33.

El brazo está recto. Balancea la clava, dejándola caer lejos del cuerpo, en la dirección de las flechas de las líneas punteadas, describiendo un círculo, la clava pasa por detrás del brazo, como se muestra en la Fig. 34.

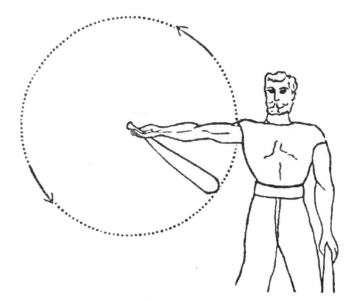

Fig. 34.

Cuando se inicia el movimiento con la clava, las uñas de los dedos apuntan hacia arriba, como se muestra en la Fig. 35; y cuando el círculo está casi completo, las uñas apuntan hacia abajo, como se ve en la Fig. 36. Para comenzar otro círculo, gira bruscamente la muñeca, de tal modo que las uñas vuelvan a quedar hacia arriba, Fig. 35.

Todo el movimiento del círculo de muñeca se basa en ese giro de la muñeca.

Círculo de Muñeca Lateral con el Brazo Izquierdo. Procede con el brazo izquierdo de la misma manera que se explicó en el ejercicio anterior, observa la Fig. 37.

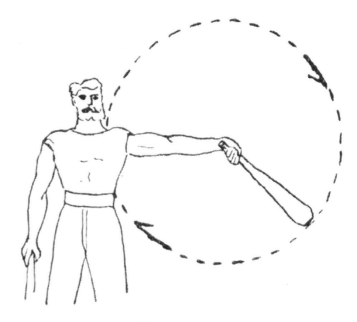

Fig. 37.

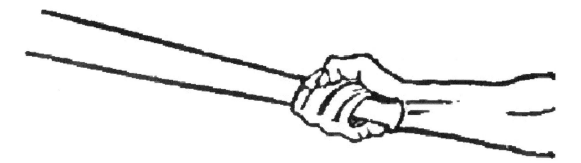

FIG. 35

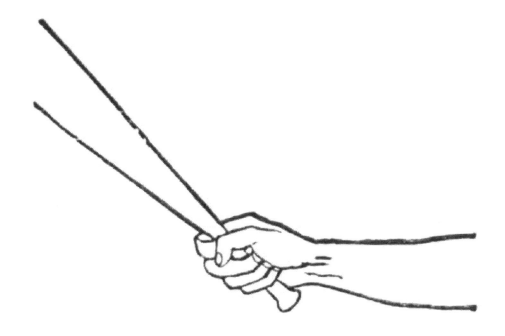

FIG. 36.

Círculo de Muñeca Lateral invertido – Observa las Figs. 8 y 38. Sostén la clava hacia arriba con el brazo derecho, como en la Fig. 33. Balancea la clava dejándola caer hacia el cuerpo, pasando la clava por detrás del brazo como se puede ver en la Fig. 39 y en la dirección de las flechas de los círculos punteados, Figs. 38 y 39, describiendo un círculo.

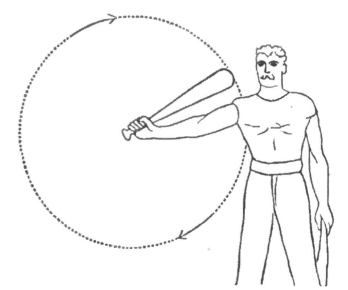

FIG. 39.

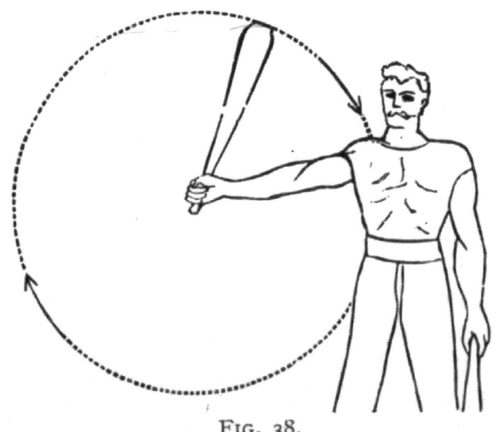

FIG. 38.

La Fig. 40 muestra la posición de la mano al comenzar, y la Fig. 41 la posición de la mano al terminar el círculo.

Círculo de Muñeca Lateral Invertido con el brazo izquierdo. Se hace de la misma manera que el ejercicio anterior, pero con el brazo izquierdo en lugar del derecho. Fig. 42.

FIG. 42.

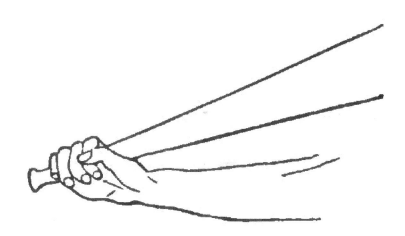

FIG. 40.

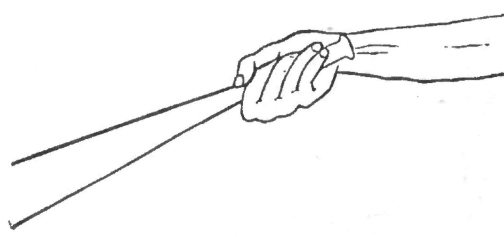

FIG. 41.

Círculo de Muñeca Frontal - Figs. 4 y 43. Sostén la clava con el brazo derecho como se muestra en la Fig. 44; el brazo está recto. Balancea la clava dejándola caer hacia el hombro derecho en la dirección de las flechas del círculo punteado de la Fig. 43, y pasando la clava por detrás del brazo como se muestra en la Fig. 45. La posición de las manos en este ejercicio es exactamente la misma que la utilizada en el Círculo de Muñeca Lateral Invertido, Figs. 40 y 41.

Fig. 44.

Fig. 43.

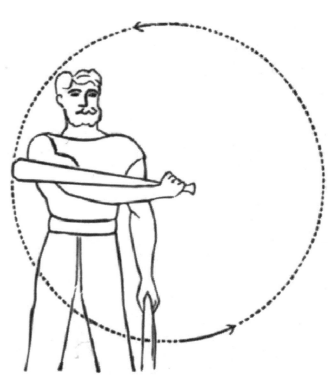

Fig. 45.

MUJERES SUFRAGISTAS

Al tiempo que las clavas desaparecen de los gimnasios, hubo un resurgimiento de su popularidad en 1914, gracias a la Unión Social Y Política de Mujeres (más conocida como WSPU, por sus siglas en inglés - "Women's Social And Political Union")

Entre 1905 y 1914, esta organización que luchaba por el derecho al voto femenino en Inglaterra, mantuvo una tensa relación con la policía y el gobierno británico. Así, muchos de sus actos políticos y protestas, eran percibidos como "actos de desobediencia civil" y solían terminar en enfrentamientos violentos con la policía. Debido a lo brutal de dichos enfrentamientos, las mujeres de WSPU comenzaron a entrenarse en la lucha cuerpo cuerpo, de la mano de la famosa maestra de Jiu-Jitsu, Edith Garrud. De esta manera, se forma el grupo de "Las Guardaespaldas de la WSPU", quienes además de educarse en las técnicas de la lucha, utilizaban las clavas como armas para defender a su líder, Emmeline Pankhurst y evitar que sea detenida por la policía.

El hecho de que las clavas se convirtieran en su "arma preferida", se debe en gran medida a décadas de literatura sobre fitness, que promovía la participación de las mujeres en la cultura física y en especial, recomendaba el uso de las "clavas indias". También, su tamaño les permitía esconderlas fácilmente, ya que la versión inglesa de las clavas, era mucho más pequeña y liviana que las originales.

Que las guardaespaldas de la WSPU practicasen Jiu-Jitsu y utilicen las clavas como armas, nos demuestra que el ejercicio físico, suele ser un componente vital en la lucha de las minorías en búsqueda de mayor libertad e igualdad de derechos.

Así, estas activistas políticas utilizaron las clavas para desafiar el status quo, transformándose en una herramienta política.

Círculo de Muñeca Frontal con el Brazo Izquierdo – Es igual que el anterior, pero con el brazo izquierdo en lugar del derecho. Fig. 46.

Fig. 46.

Círculo de Muñeca Frontal Invertido. - Figs. 9 y 47. Sostén la clava con el brazo derecho como se muestra en la fig. 44. Gira la clava dejándola caer hacia afuera, lejos del cuerpo, en la dirección de las flechas del círculo punteado de la Fig. 47, y pasando la clava por detrás del brazo como se muestra en la Fig. 48. La posición de las manos para este ejercicio es exactamente la misma que la usada en el Círculo de Muñeca Lateral, Figs. 35 y 36.

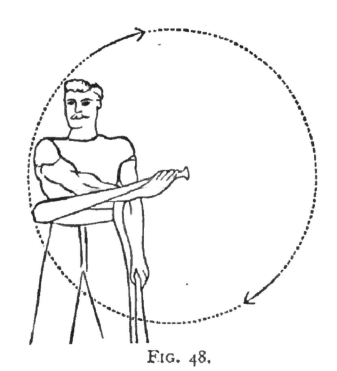

Fig. 48.

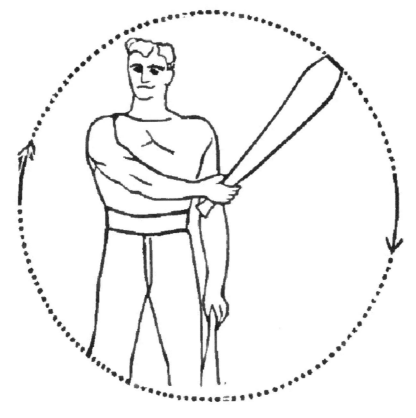

Fig. 47.

Círculo de Muñeca Frontal Invertido con el Brazo Izquierdo: Es igual que el ejercicio anterior, pero con el brazo izquierdo en lugar del derecho. Fig. 49.

Fig. 49.

Importante - En todos los Círculos de Muñeca el brazo no se mueve de su posición, sólo debe utilizarse la muñeca.

El alumno ha pasado por ocho de los ejercicios o círculos denominados fundamentales, habiéndose omitido a propósito los números 5 y 10 hasta que el alumno esté lo suficientemente avanzado como para que le sean de alguna utilidad. Estos serán introducidos a su debido tiempo.

Es absolutamente necesario que los ocho primeros ejercicios mencionados se aprendan completamente antes de intentar cualquier otra cosa, ya que cuando se dominen, lo demás podrá hacerse con relativa facilidad, ya que todos los ejercicios con las clavas indias son, como ya he dicho, una simple combinación de los círculos basicos fundamentales.

Al principio de este capítulo he señalado el mal hábito que hay que evitar al hacer el círculo frontal. Ahora mencionaré lo que es correcto y lo que es incorrecto al ejecutar el círculo posterior.

1. - En todos los Círculos Posteriores, la mano derecha debe permanecer cerca de la oreja derecha, y la izquierda cerca de la oreja izquierda, Figs. 50 y 51. No sólo es ésta la posición correcta, sino que te ahorrará muchos golpes en la cabeza, ya que, si la mano se encuentra alejada de la oreja, el resultado suele ser el que se muestra en la Fig. 52, lo que no ocurrirá si la mano está en el lugar apropiado.

2. - En todos los Círculos Posteriores, el codo debe estar bien levantado, como se muestra en las Figs. 50 y 51, y no como se ve en las Figs. 53 y 54.

FIG. 50.

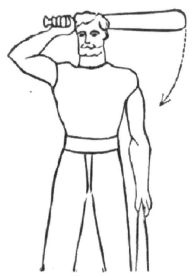

FIG. 51.

FIG. 52.

Fig 53.

Fig. 54.

3. – Al hacer un Círculo Posterior, no doblar las rodillas ni inclinar la cabeza hacia un lado, como se muestra en las Figs. 55 y 56. Muchos lo hacen pensando que así van a evitar un golpe en la cabeza, o ese movimiento les va a ayudar a empujar la clava. Mantente perfectamente erguido, como se aprecia en las Figs. 2 y 7.

Fig. 55.

Fig. 56.

Creo haber dado en este capítulo casi toda la información práctica y los consejos que he aprendido con mi propia experiencia, y espero que estos sean apreciados grandemente. No me cabe duda de que, si se tienen en cuenta, serán de gran utilidad para el principiante, y por esta razón te recomiendo que leas este capítulo de vez en cuando, incluso cuando estés aprendiendo los ejercicios más complicados, ya que te refrescará la memoria si has olvidado alguna de mis instrucciones.

CAPITULO II

Procederé ahora a la primera serie de ejercicios. Cada ejercicio estará enumerado para su posterior consulta. También daré el "tiempo de conteo" a todos los ejercicios. Los números que aparecen al lado de los círculos punteados en las figuras se referirán al conteo que debe hacerse cuando la clava llegue al lugar donde aparecen los números. El tiempo de conteo no debe ser más rápido que el "tiempo normal" en música.

No repetiré ninguna de las instrucciones que he dado en el capítulo anterior con respecto a la posición, etc., ya que supongo que a estas alturas son bien conocidas. No olvides las posiciones de partida, Figs. 11, 12 y 13.

Cuando con el brazo se está ejecutando un círculo frontal, este debe mantenerse bien recto. Cada ejercicio debe hacerse unas quince veces, contando todo el tiempo. En ningún ejercicio debe detenerse el movimiento de las clavas, sino que hay que seguir un movimiento continuo, contando al mismo tiempo como se indica; por ejemplo, cuando hay que contar dos, se cuenta uno-dos, uno-dos, uno-dos, y así sucesivamente hasta terminar el ejercicio.

En las figuras, la dirección tomada por la clava derecha estará marcada por pequeños puntos, y la de la clava izquierda por pequeños trazos. La posición inicial se muestra con los brazos y las clavas completamente dibujados. Los brazos y clavas punteados mostrarán las diferentes posiciones asumidas durante los ejercicios.

PRIMERA SERIE

En esta serie la clava derecha va siempre hacia la derecha, y la clava izquierda hacia la izquierda.

Ejercicio 1. – Círculo frontal con el brazo derecho. Cuenta–uno mientras se gira la clava. Este es un ejercicio fundamental y no necesita mayor descripción. La Fig. 57 muestra el ejercicio.

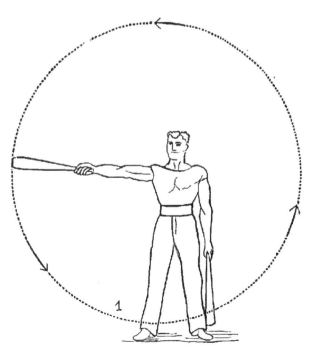

Fig. 57.

Ejercicio 2. – Círculo frontal con el brazo izquierdo. Cuenta–uno como se hizo anteriormente. Fig. 58.

Ejercicio 3. – Círculo frontal con ambos brazos al mismo tiempo. Fig. 59. La maza derecha va hacia la derecha y la izquierdo hacia la izquierda. Las mazas se cruzan al pasar por las rodillas y por encima de la cabeza. Observa las mazas punteadas en la fig. 59. Cuenta–uno cuando se crucen por las rodillas.

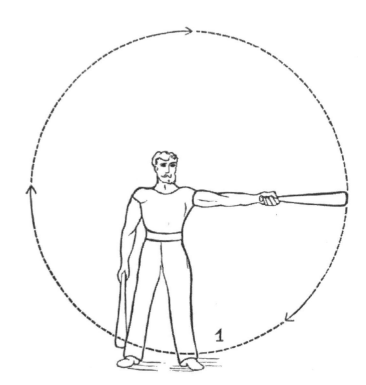

Fig. 58.

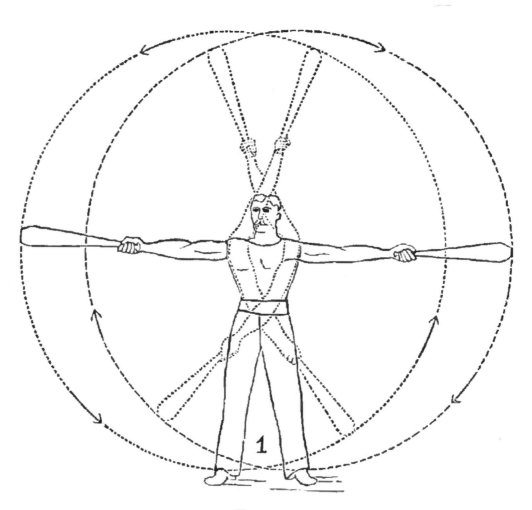

Fig. 59.

Ejercicio 4. – Círculo frontal con cada brazo alternadamente. Ambas clavas en la posición inicial. Luego se mueve primero el brazo derecho hacia la derecha, como en la Fig. 60, contando–uno. Cuando la clava derecha pase por las piernas, se mueve la clava izquierda hacia la izquierda (Fig. 61) y se cuenta–dos. Las clavas se cruzan lateralmente como se muestra en la Fig. 62.

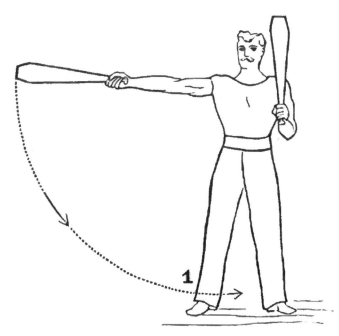

Fig. 60.

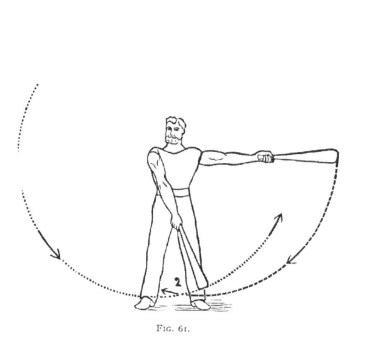

Fig. 61.

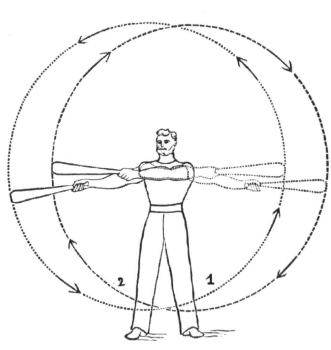

Fig. 62.

Ejercicio 5. – Círculo frontal y círculo posterior combinados, con el brazo derecho. Lanza la clava hacia la derecha, haciendo un círculo frontal, contando–uno. Una vez completado el círculo frontal dobla el brazo como se indica en la Fig. 22, y haz un círculo posterior, Figs. 23 y 24, contando–dos. Luego, cuando el círculo se haya completado y la clava haya regresado a su posición, Fig. 22, lanza la clava de nuevo con el brazo recto para comenzar otro círculo frontal. Este ejercicio se muestra en la Fig. 63. En los ejercicios fundamentales he explicado completamente cómo hacer un círculo posterior.

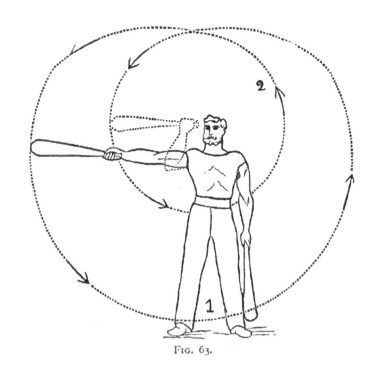

Fig. 63.

E. FERDINAND LEMAIRE

Fue el líder de la Sociedad de Gimnasia Alemana de Londres, en la cual también se desempeñó como instructor de Clavas. Además, fue Honorario Director de Ejercicios del Club de Gimnasia Amateur de Londres, campeón de la "Competencia Abierta de Indian Clubs" de 1876 y autor del libro "Indian Clubs y Cómo Usarlas".

Esta desconocida figura de la Cultura Física fue responsable de la creación de un sistema estandarizado para el aprendizaje del uso de clavas. Su original sistema, basado en la combinación de 5 círculos imaginarios, ha sido el fundamento sobre el cual se apoyaron la gran mayoría de los sistemas con clavas en occidente, hasta nuestros días.

La idea detrás de este modelo es la de combinar estas trayectorias para progresivamente entender los movimientos, desde lo más simple a lo más complejo. De esta forma, el método puede ser utilizado por un principiante para aprender las bases, al tiempo que sirve de herramienta para practicantes avanzados y profesores, ya que permite "crear" nuevos ejercicios y combinaciones.

Lemaire presentó su método en el prestigioso Royal Albert Hall, durante la famosa "Exposición Internacional de La Salud de 1884", bajo el mecenazgo de la Reina Victoria y el Príncipe de Gales. Allí, Lemaire exhibió la progresión completa de sus ejercicios, dirigiendo a 50 gimnastas realizando una secuencia de más de 100 progresiones.

Ejercicio 6. – Círculo frontal y círculo posterior combinados, con el brazo izquierdo. Este ejercicio es igual al Ejercicio 5, pero se ejecuta con el brazo izquierdo. Lanza la clava izquierda hacia la izquierda, haciendo un círculo frontal–uno; y un círculo posterior–dos. Fig. 64.

Ejercicio 7. – Duplica el ejercicio 5 con el brazo derecho haciendo dos círculos frontales seguidos–uno–dos, y dos círculos posteriores–tres–cuatro. Fig. 65.

Ejercicio 8. - Es lo mismo que el ejercicio 7 pero se hace con el brazo izquierdo.

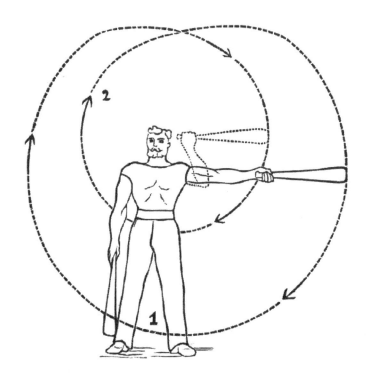

FIG. 64.

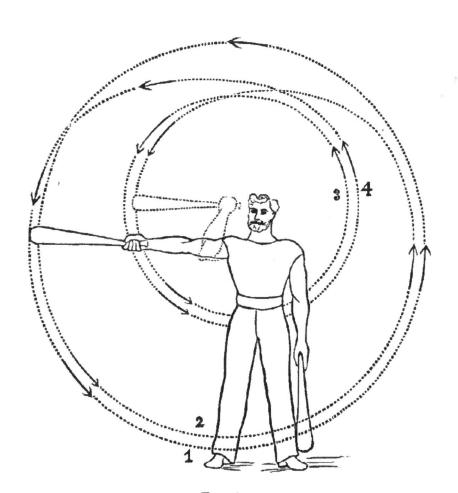

FIG. 65.

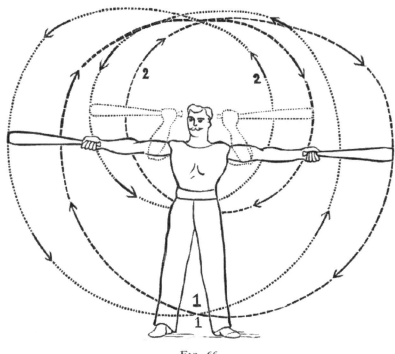

Fig. 66.

Ejercicio 9. – Círculo frontal y círculo posterior con ambos brazos a la vez. Describe un círculo frontal con ambos brazos como en el Ejercicio 3, cuenta–uno; y luego haz un círculo posterior con ambos brazos, cuenta–dos. Fig. 66.

Ejercicio 10. – Duplica el ejercicio 9, haciendo dos círculos frontales con ambos brazos–uno–dos, y dos círculos posteriores con ambos brazos–tres–cuatro, Fig. 67.

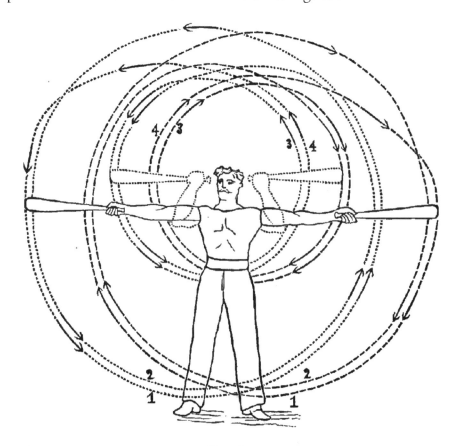

Fig. 67

Ejercicio 11. – Círculo frontal con un brazo y círculo posterior con el otro al mismo tiempo. Aunque los dos brazos trabajan de forma simultánea, los círculos de la misma categoría se hacen alternadamente. Ambas clavas comienzan al mismo tiempo. La clava derecha comienza a hacer un círculo frontal y la clava izquierda a hacer un círculo posterior, contando–uno. Este inicio y los círculos se muestran en la Fig. 68.

Cuando con la clava derecha se ha terminado el círculo frontal, la clava izquierda también ha concluido el círculo posterior, quedando entonces ambas clavas en la posición de la Fig. 69, es decir, en la posición inicial (las clavas, sin embargo, se mantienen más altas que en la posición inicial normal de la Fig. 13); desde allí la clava derecha hace esta vez un círculo posterior y la clava izquierda un círculo frontal, ambas al mismo tiempo, contando–dos. Esto se observa en la Fig. 70.

Fig. 69.

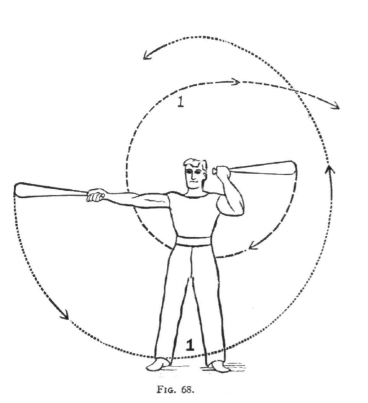

Fig. 68.

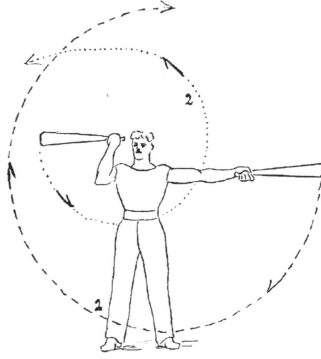

Fig. 70

Cuando se completan los círculos, las clavas vuelven a la posición inicial mostrada en la Fig. 69; entonces se inicia de nuevo, clava derecha frontal, clava izquierda posterior–uno, clava izquierda frontal y clava derecha posterior–dos, y así alternadamente. La Fig. 71 muestra todo el ejercicio.

Por supuesto, cuando el movimiento de las clavas es bien entendido, no debe haber ninguna pausa notable en la posición de la Fig. 69. Las dos clavas se mantienen entonces en movimiento. Se notará que este ejercicio es simplemente el Ejercicio 5 realizado alternadamente con cada brazo, iniciado un brazo detrás del otro.

Ejercicio 12. – Duplica el ejercicio 11 con cada brazo. Comienza exactamente como en el Ejercicio 11, pero, en lugar de un círculo con cada brazo, realiza dos círculos frontales con el derecho mientras el izquierdo hace dos círculos posteriores. Luego del primer círculo–uno, el segundo círculo–dos. Una vez completada la segunda serie de círculos, haz dos círculos frontales con el izquierdo, haciendo al mismo tiempo dos círculos posteriores con el derecho, contando tres–cuatro (Fig. 72). Este es el mismo ejercicio 7, realizado alternadamente con cada brazo.

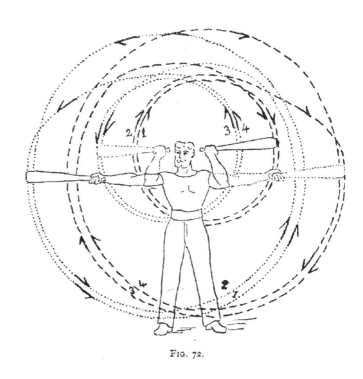

FIG. 72.

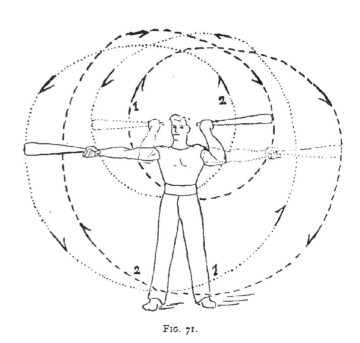

FIG. 71.

Ejercicio 13. – Es una combinación de los Ejercicios 3 y 11. Primero se hace un círculo frontal con ambos brazos al mismo tiempo, Fig. 59, cuenta–uno; luego un círculo frontal con el brazo derecho y un círculo posterior con el brazo izquierdo, Fig. 68, cuenta–dos; luego se hace de nuevo un círculo frontal con ambos brazos, Fig. 59–tres; y después un círculo frontal con el brazo izquierdo y un círculo posterior con el derecho, Fig. 70–cuatro. El ejercicio completo se muestra en la Fig. 73.

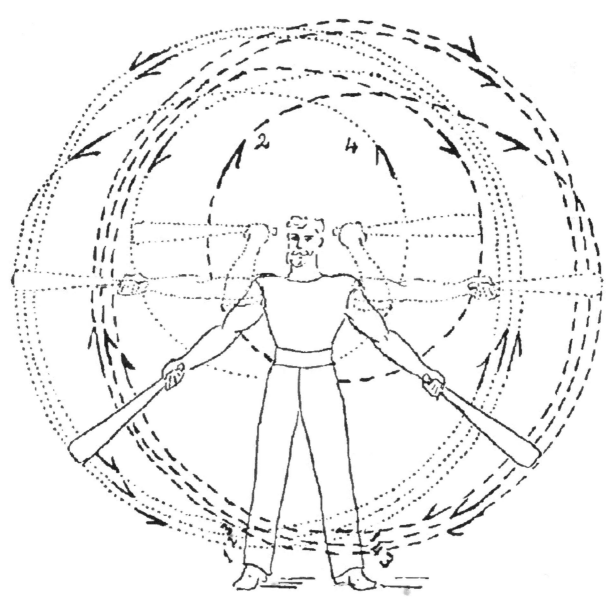

FIG. 73.

Ejercicio 14. – Duplica el ejercicio anterior haciendo dos círculos frontales con ambos brazos al mismo tiempo–uno–dos; después, como en el ejercicio 12, realiza dos círculos frontales con el brazo derecho mientras que con el izquierdo haces dos círculos posteriores–tres–cuatro, como se puede apreciar en la Fig. 72; después haz otra vez dos círculos frontales con ambos brazos al mismo tiempo–cinco–seis; después dos círculos frontales con el izquierdo mientras que con el derecho haces dos círculos posteriores–siete–ocho.

Ejercicio 15. – Círculo de muñeca lateral con la clava derecha, Fig. 74. Cuenta–uno mientras giras la clava. Este es un ejercicio fundamental que no necesita explicación.

Ejercicio 16. – Círculo de muñeca lateral con la clava izquierda, Fig. 75–uno.

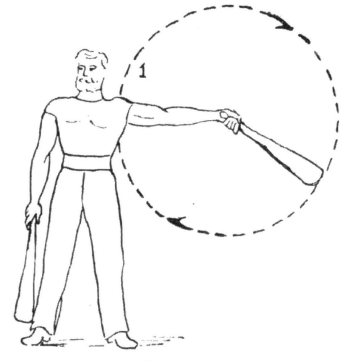

Fig. 75.

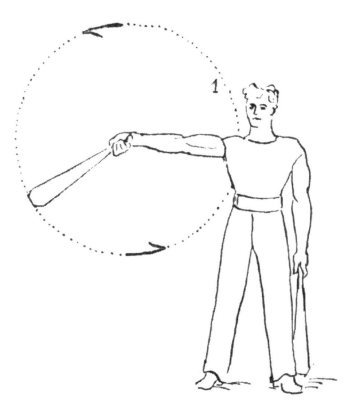

Fig. 74.

Ejercicio 17. – Es una combinación de los ejercicios 5 y 15 con la clava derecha. Se realiza un círculo frontal–uno, luego un círculo posterior–dos, luego un círculo de muñeca lateral–tres. Inicia como en el ejercicio 5; haz todo ese ejercicio de la manera ya descrita, Fig. 63. Después del círculo posterior, cuando el brazo se mueve recto para comenzar otro círculo frontal, como se muestra en la Fig. 63, antes de hacer ese círculo frontal haz un círculo de muñeca lateral, después del cual haces el círculo frontal, luego uno posterior, luego uno de muñeca lateral y así sucesivamente, contando–uno–dos–tres. Este ejercicio se muestra en la Fig. 76.

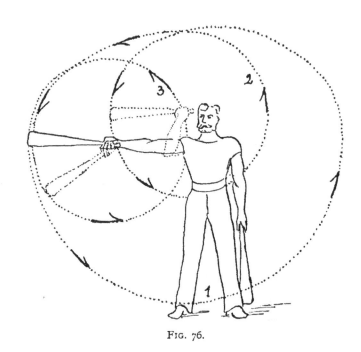

FIG. 76.

Ejercicio 18. – Es el mismo ejercicio, pero con la clava izquierda; una combinación de los ejercicios 6 y 16. Círculo frontal–uno, círculo posterior–dos, círculo de muñeca lateral–tres.

Ejercicio 19. – Duplica el ejercicio 17 con el brazo derecho. Lo que quiero decir con duplicar debería estar ahora totalmente entendido, por lo que este ejercicio no necesitará casi ninguna explicación. Haz dos círculos frontales consecutivos–uno–dos; dos círculos posteriores consecutivos–tres–cuatro; dos círculos laterales consecutivos–cinco–seis. Este ejercicio se muestra en la Fig. 77.

Ejercicio 20. – Es el mismo ejercicio anterior, pero con la clava izquierda.

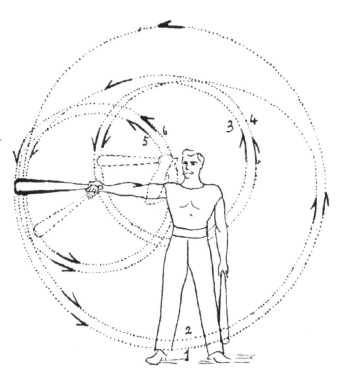

FIG. 77.

Ejercicio 21. – Círculo de muñeca frontal con la clava derecha, Fig. 78. Este, siendo otro ejercicio fundamental, no requiere de mayor explicación. Cuenta–uno.

Ejercicio 22. – Círculo de muñeca frontal con la clava izquierda. Fig. 79.

Ejercicio 23. – Es una combinación de los ejercicios 5 y 21. En este ejercicio el círculo frontal y el círculo posterior del Ejercicio 5 están divididos por un círculo de muñeca frontal. Primero comienza, como en el Ejercicio 5, a hacer un círculo frontal, contando–uno. Cuando la clava haya descrito la mitad del círculo, y el brazo se encuentre por delante del cuerpo, como en la Fig. 78, se hace un círculo de muñeca frontal, contando–dos. Una vez hecho esto, finaliza el círculo frontal dejando que la clava vaya hacia arriba, y luego realiza un círculo posterior–tres. Comienza de nuevo como antes con el círculo frontal. La Fig. 80 muestra todo el ejercicio.

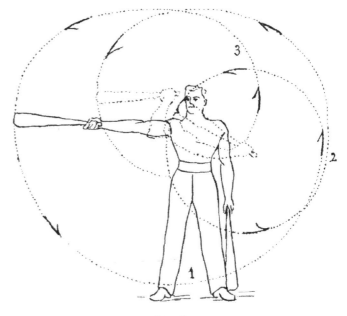

Fig. 80.

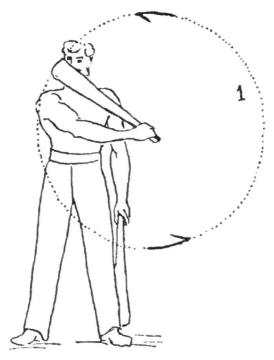

Fig. 78.

Fig. 79.

Ejercicio 24. – Es el mismo ejercicio anterior, pero se hace con el brazo izquierdo. Parte del círculo frontal–uno; círculo de muñeca frontal–dos; círculo posterior–tres. Fig. 81.

Ejercicio 25. – Duplica el ejercicio 23 con el brazo derecho. Primero realiza un círculo frontal completo–uno; luego haz otro hasta que la clava quede por delante, como se muestra en la Fig. 78– dos; luego dos círculos sucesivos de muñeca frontal–tres–cuatro; y por último dos círculos sucesivos posteriores–cinco–seis.

Ejercicio 26. – Igual que el anterior, pero con el brazo izquierdo.

Ejercicio 27. – Es una combinación de los ejercicios 17 y 23, o quizás, sea mejor decir que es el ejercicio 23, al que se añade un círculo de muñeca lateral luego del círculo posterior.

Realiza todo el Ejercicio 23 como ya se ha explicado, es decir, partes de un círculo frontal–uno; luego efectúas un círculo de muñeca frontal–dos; un círculo posterior–tres; pero cuando el círculo posterior se haya completado procede como en el Ejercicio 17, es decir, mueve el brazo recto como si fueras a comenzar otro círculo frontal, pero antes de hacer ese círculo frontal, describe un círculo de muñeca lateral, y cuenta–cuatro; cuando se haya hecho esto, inicia de nuevo dejando que la clava vaya hacia abajo, haciendo parte de un círculo frontal, contando–uno; luego un círculo de muñeca frontal–dos; luego un círculo posterior–tres; luego un círculo de muñeca lateral–cuatro; y así sucesivamente. Este ejercicio se muestra en la Fig. 82.

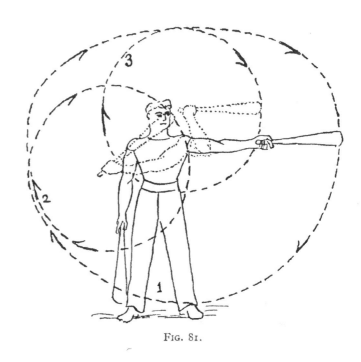

Fig. 81.

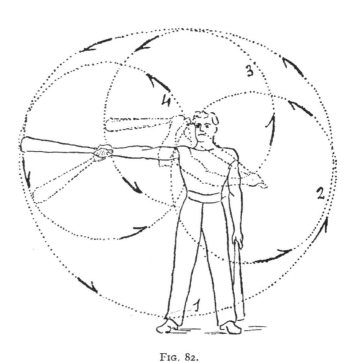

Fig. 82.

AARON MOLYNEAUX HEWLETT

ORIGEN: New York, Estados Unidos.
PERIODO: ANTIGUO [1820 – 1871].
ESPECIALIDAD: Educación Física.

HABILIDAD DESTACADA: Boxeo, Lucha Libre y Acondicionamiento Físico.

FRASE CELEBRE: "El Estado debería respetar su propia Ley y quitarle la licencia a todo establecimiento que discrimine ilegalmente".

HIGHLIGHTS: Primer instructor Afro-Americano de la Universidad de Harvard. Primer Director de Educación Física dentro de la Educación Superior, en la historia de los Estados Unidos. Elevar la actividad deportiva de la Universidad de Harvard "al mismo nivel que sus matemáticas" Pionero en el uso de la "Medicine Ball" en los Estados Unidos.

ELEMENTO: "Los 4 Jinetes del Fitness" [Clavas, Mancuernas, Bastón y "Medicine Ball"]

El concepto de "fitness" en los Estados Unidos tuvo varias influencias. Aunque las más prominentes fueron las de la escuela Alemana y la escuela Sueca, también hubo grandes aportes provenientes de la cultura de los Pueblos Originarios y las comunidades Afro-descendientes.
Este es el caso de Aaron Molyneaux Hewlett, un profesor de Educación Física, reconocido como el primer instructor Afro-Americano de la Universidad de Harvard, supervisando todas las actividades en el Gimnasio del Colegio. De hecho, fue el primer Director de Educación Física dentro de la Educación Superior, en la historia de los Estados Unidos.
Hewlett pertenecía a la "vieja guardia" de la Educación Física. Creía en el noble propósito y el valor cultural de formar ciudadanos "físicamente educados". Por lo tanto, en sus enseñanzas, tenía en cuenta "Los 3 componentes clásicos de la Educación Física":

- Las artes restaurativas, representadas por las clavas, las mancuernas y la "Medicine Ball".

- Las artes marciales representadas en los guantes de boxeo y en el bastón (que también puede usarse como herramienta restaurativa).

- Actividades Pedagógicas (Deportes, Juegos, Recreación, Danza y Teoría).

Su vestimenta es la de un educador profesional universitario, representando las actividades pedagógicas y la enseñanza teórica, y en este área también podemos decir que el boxeo se encuentra en la categoría de "deportes". Al mismo tiempo, podemos ver las herramientas a las que muchos historiadores del deporte suelen llamar "Los 4 Jinetes del Fitness": Clavas, Mancuernas, Bastón y "Medicine Ball".

Aaron Molyneaux Hewlett, se casó con la gimnasta Virginia Josephine Lewis. Ambos estaban involucrados en el movimiento de la "Cultura Física" y juntos dirigieron su propio gimnasio, primero en Worcester y luego en Cambridge. Allí, también fue dueño de una tienda de ropa y venta de equipamiento deportivo.

Sea cual sea el círculo, al dar seguimiento a las líneas se observará que la clava siempre va en la misma dirección. Aquí tenemos cuatro círculos y, sin embargo, la clava no cambia ni una sola vez el sentido de su movimiento.

Ejercicio 28. – Es el mismo ejercicio 27, pero con la clava izquierda; mismo conteo. Fig. 83.

Ejercicio 29. – Duplica el ejercicio 27 con el brazo derecho. Un círculo frontal completo–uno; parte del círculo frontal–dos; dos círculos sucesivos de muñeca frontal–tres–cuatro; dos círculos sucesivos posteriores–cinco–seis; dos círculos de muñeca lateral–siete–ocho.

Ejercicio 30. – Es igual que el anterior, pero con la clava izquierda.

Ejercicio 31. – Es una combinación de los ejercicios 15 y 21, es decir, círculo de muñeca lateral con la clava derecha y círculo de muñeca frontal con la izquierda. Mantén las clavas hacia fuera, exactamente como se muestra en la Fig. 84, luego efectúa un círculo de muñeca lateral con la clava derecha, haciendo al mismo tiempo un círculo de muñeca frontal con la izquierda; cuenta–uno. Haz esto varias veces seguidas. No debe haber ningún tipo de dificultad durante el ejercicio, y en el primer intento es mejor detenerse después de cada serie de círculos, en la posición de la Fig. 84, pero cuando se haya perfeccionado, la parada no debería ser perceptible.

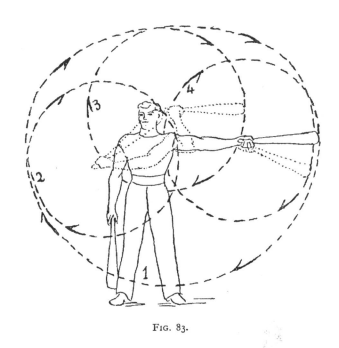

Fig. 83.

Fig 84.

El ejercicio se muestra en la Fig. 85. No hace falta decir que una clava va en dirección contraria a la otra, como se puede apreciar en las líneas punteadas.

Ejercicio 32. – Es el mismo tipo de ejercicio anterior, pero esta vez, es la clava izquierda la que hace el círculo de muñeca lateral, y la clava derecha hace al mismo tiempo un círculo de muñeca frontal. Las clavas se sostienen en el lado izquierdo, Fig. 86. Cuenta–uno.

Fig. 85.

Fig 86.

Ejercicio 33. – Es una combinación de los ejercicios 11, 31 y 32. También es una combinación de los ejercicios 27 y 28.

Este ejercicio puede parecer complicado para un principiante, pero para el alumno que ha llegado a esta etapa gradualmente, siguiendo el orden que he establecido, debería ser muy fácil de ejecutar. Por supuesto, se supone que el alumno conozca a fondo el Ejercicio 11, Figs. 68, 69, 70, 71. Este Ejercicio 33 es el Ejercicio 32 hecho después de la primera mitad del Ejercicio 11, y el Ejercicio 31 hecho después de la segunda mitad del Ejercicio 11.

Comienza como se muestra en la Fig. 68; círculo frontal con la clava derecha, al mismo tiempo círculo posterior con la clava izquierda, cuenta–uno; al hacer esto, las clavas habitualmente deberían estar en la posición mostrada en la Fig. 69, pero en el presente ejercicio deben mantenerse un poco a la izquierda como se observa en la Fig. 87; luego se estiran los brazos hacia la izquierda como se muestra en la Fig. 86, haciendo casi al mismo tiempo el Ejercicio 32, cuenta–dos; después de esto, se regresa a la posición de la Fig. 87. Luego se realiza un círculo frontal con el brazo izquierdo, y al mismo tiempo un círculo posterior con el derecho, Fig. 70, cuenta–tres. Después de esto se asume la posición mostrada en la Fig. 88, es decir, las clavas sostenidas un poco a la derecha; ahora se estiran los brazos hacia la derecha como en la Fig. 85, haciendo al mismo tiempo el ejercicio 31 cuenta–cuatro; se regresa a la posición de la Fig. 88 y se comienza el ejercicio de nuevo. Tiempos–uno–dos–tres–cuatro.

FIG. 87.

FIG. 88.

Este ejercicio es mostrado, para los tiempos–uno–dos en la Fig. 89; para los tiempos–tres–cuatro en la Fig. 90; y todo el ejercicio se puede observar en la Fig. 91.

Ejercicio 34. - El alumno puede ahora tratar de duplicar el ejercicio haciendo dos círculos consecutivos de cada tipo, clava derecha dos círculos frontales, clava izquierda dos círculos posteriores–uno–dos; clava derecha dos círculos de muñeca frontales, clava izquierda dos círculos de muñeca laterales–tres–cuatro; clava derecha dos círculos posteriores, clava izquierda dos círculos frontales–cinco–seis; clava derecha dos círculos de muñeca laterales y clava izquierda dos círculos de muñeca frontales–siete–ocho.

Ejercicio 35. – Es una combinación de los ejercicios 3 y 33, Figs. 59 y 91. Este ejercicio es simplemente el ejercicio 33, al que se añade un círculo frontal con ambos brazos, es decir es el ejercicio 3 después de cada mitad del ejercicio, o bien después de la Fig. 89 y después de la Fig. 90.

También es una combinación de los ejercicios 13, 31 y 32, Figs. 73, 85 y 86. Comienza exactamente como se muestra en el Ejercicio 13; pero después del tiempo–dos, haz el Ejercicio 32, Fig. 86; luego, regresa al Ejercicio 13, y después del tiempo–cuatro de ese ejercicio, realiza el Ejercicio 31, Fig. 85. El conteo es uno-dos-tres-cuatro-cinco-seis.

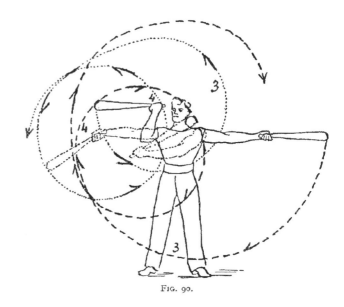

Fig. 90.

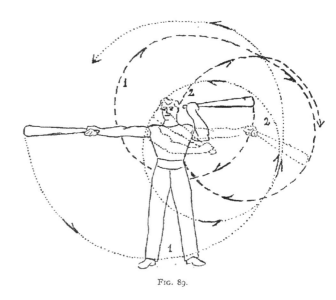

Fig. 89.

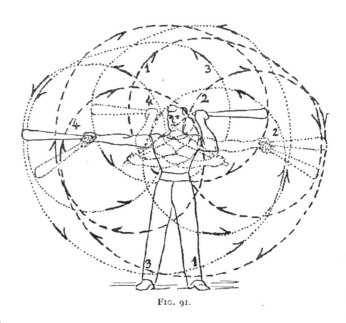

Fig. 91.

Ejercicio 36. – Círculo frontal y círculo de muñeca frontal combinados con cada clava alternadamente.

Inicia con un círculo frontal con la clava derecha y al mismo tiempo haz un círculo de muñeca frontal con la izquierda, contando–uno; Fig. 92. El brazo derecho pasa entre el cuerpo y la clava izquierda, como se observa en la Fig. 92. Las clavas punteadas en la figura muestran su posición justo después de empezar. Al terminar el círculo frontal, el brazo derecho, en lugar de estar perfectamente recto, se dobla un poco, para poder asumir más fácilmente la posición para el círculo de muñeca frontal. La clava izquierda, después de hacer el círculo de muñeca frontal, se mueve con el brazo recto hacia la izquierda para hacer un círculo frontal, la clava derecha al mismo tiempo hace un círculo de muñeca frontal, Fig. 93, cuenta–dos. Los círculos punteados de la Fig. 93 comienzan donde terminan los de la Fig. 92, de modo que mirando ambas figuras se puede dar seguimiento a todo el recorrido de las clavas durante el ejercicio.

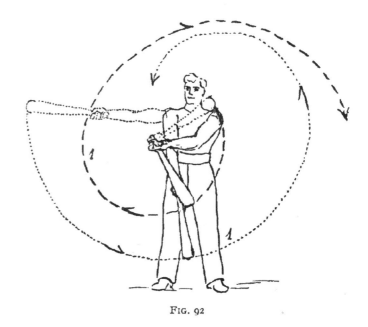

FIG. 92

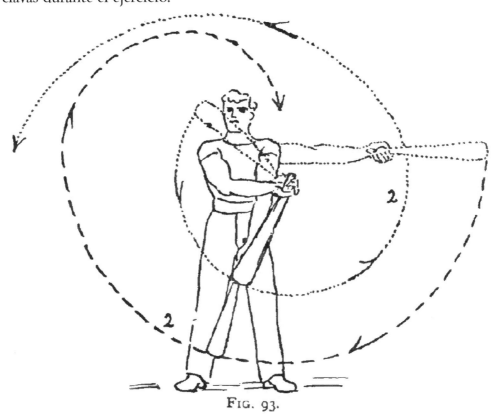

FIG. 93.

Ejercicio 37. – Es una combinación de los ejercicios 36, 31 y 32. Inicia como en el ejercicio anterior, pero después del tiempo–uno de la Fig. 92, se hace el Ejercicio 32 que se muestra en la Fig. 86, después del cual, como en el Ejercicio 36, se hace un círculo frontal con la clava izquierda, y al mismo tiempo un círculo de muñeca frontal con la clava derecha, Fig. 93, y después se realiza el Ejercicio 31, Fig. 85. La Fig. 94 muestra este ejercicio.

Ejercicio 38. – Duplica el ejercicio 37; es decir, duplica cada círculo. El alumno debe estar ahora tan avanzado que no es necesario explicar este ejercicio a profundidad. Los tiempos son uno–dos–tres–cuatro–cinco–seis–siete–ocho.

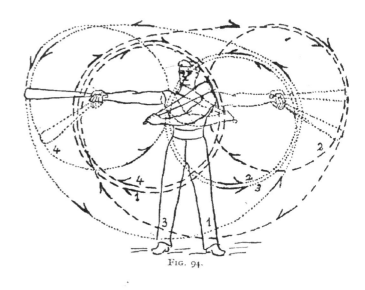

Fig. 94.

Ejercicio 39. – Círculo frontal con una clava, haciendo al mismo tiempo un círculo posterior y un círculo de muñeca lateral con la otra. Este ejercicio es el mismo Ejercicio 11, al que se añade un círculo de muñeca lateral realizado por la clava que ha completado el círculo posterior. Como en Ejercicio 11, pero la clava derecha debe hacer el círculo frontal en un tiempo más lento, de tal manera que mientras está haciendo ese círculo frontal, la clava izquierda hace un círculo posterior y un círculo de muñeca lateral, y por la misma razón la clava izquierda debe hacer el círculo posterior y el círculo de muñeca lateral de forma bastante rápida, para que el círculo de muñeca lateral se complete al mismo tiempo que la otra clava termina el círculo frontal. Empieza el círculo frontal con la clava derecha, haciendo al mismo tiempo un círculo posterior con la otra clava, cuenta–uno; luego estira el brazo izquierdo, y haz un círculo de muñeca lateral, cuenta–dos. Fig. 95. Después, círculo frontal con la clava izquierda, realizando al mismo tiempo un círculo posterior–tres y un círculo de muñeca lateral–cuatro con la clava derecha. Fig. 96. El ejercicio completo se muestra en la Fig. 97.

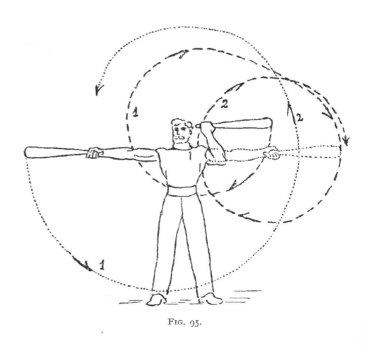

Fig. 95.

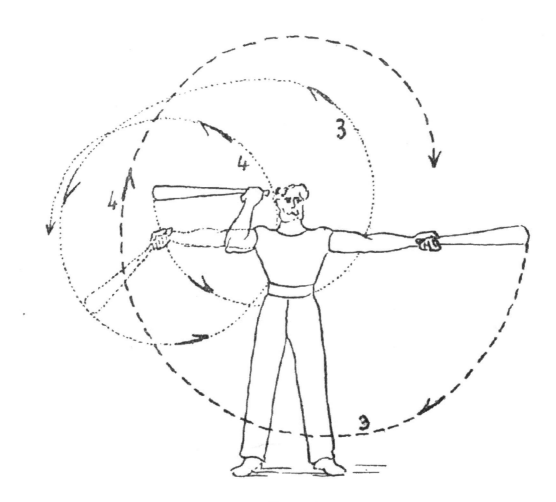

Fig. 96.

Ejercicio 40. – Círculo frontal con una clava, haciendo al mismo tiempo con la otra clava, primero un círculo de muñeca frontal y luego un círculo posterior. Las indicaciones sobre los tiempos son exactamente las mismas que en el ejercicio anterior.

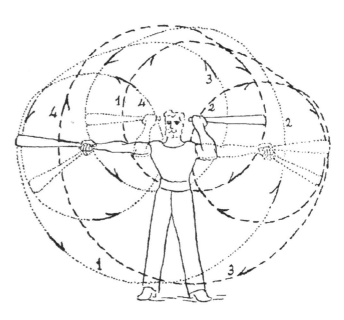

Fig. 97

Inicia el círculo frontal con la clava derecha, haciendo al mismo tiempo con la izquierda, primero un círculo de muñeca frontal–uno; luego un círculo posterior–dos. Fig. 98. Después lleva a cabo un círculo frontal con la clava izquierda, y al mismo tiempo con la derecha, primero un círculo de muñeca frontal–tres; y después un círculo posterior–cuatro. Fig. 99.

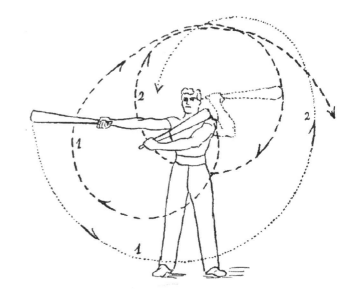

Fig. 98.

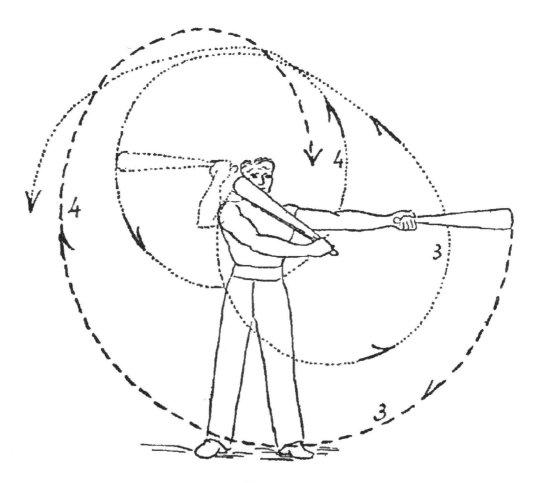

Fig. 99.

Hemos pasado por la mayoría de los ejercicios correspondientes a la primera serie. Lo hemos hecho de manera gradual, añadiendo una cosa a la otra, hasta que incluso lo que parecía más complicado es realmente fácil de realizar. De nuevo deseo hacer especial énfasis en el hecho de que en estos 40 ejercicios la clava no cambia ni una sola vez su curso, sea cual sea el círculo. Esto se verá en la Fig. 100, así como en todas las demás figuras relacionadas con los primeros 40 ejercicios.

Los restantes ejercicios pertenecientes a esta serie se darán más adelante por las razones ya expuestas.

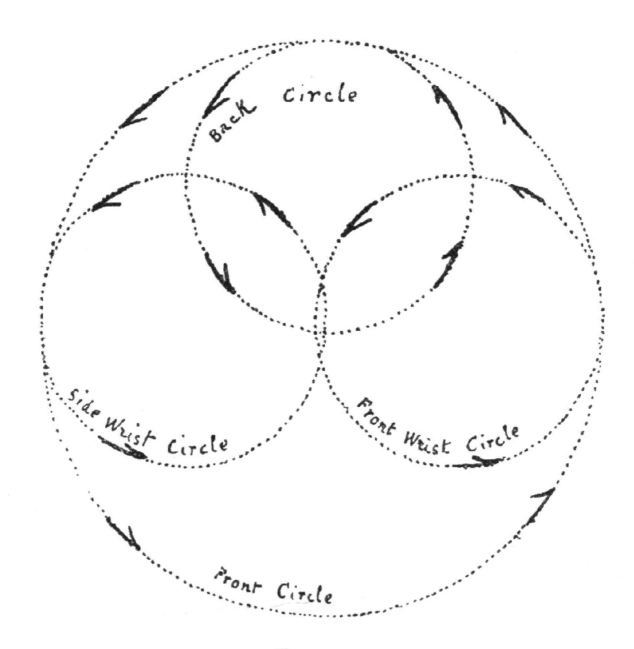

FIG. 100.

CAPITULO III

Yo ya he explicado al final del último capítulo lo que incluirá esta segunda parte, y ahora procederé a describir los ejercicios fundamentales 5 y 10. Estos dos círculos, a los que he dado los nombres de círculo lumbar y círculo lumbar invertido, son conocidos desde hace pocos años, es decir, desde hace unos trece años, y desde mi punto de vista puedo decir que yo los introduje en Londres. Es posible que se conocieran antes, porque realmente no hay "nada nuevo bajo el sol". Sin embargo, no creo que se hayan visto en Londres hasta que yo los introduje en el Gimnasio Alemán hace unos doce o trece años, y recuerdo que causaron sensación en el St. James's Hall, donde, asistiendo a uno de los Assaults-of-Arms del Club Atlético de Londres, hice algunos círculos lumbares con una clava de 44 libras (20 kilos). Antes de eso, yo nunca había visto que alguien, ya fuera aficionado o profesional hubiera realizado tal ejercicio, y sé que si se utiliza en la actualidad es sólo después de haberlo introducido como ya se ha mencionado, y de haberlo enseñado incluso a muy buenos artistas del club, varios de ellos profesionales, que, aunque me habían visto hacerlo con frecuencia, no podían entender cómo se hacía. Ahí radica la dificultad, aunque puedo decir que cuando se adquiere la destreza, es realmente más fácil de hacer que un círculo posterior común. Tiene también la ventaja de ser fácil de combinar con los 120 ejercicios descritos en la primera parte de este libro, pero para ello, el alumno debe desempeñarse muy bien en esos 120 ejercicios, para poder dedicar toda su atención a la combinación de los círculos lumbares junto con ellos, y por eso he retrasado hasta ahora la introducción de estos círculos; además, sólo una persona ya experta puede comprender a fondo esas combinaciones.

Círculo Lumbar (Figs. 5 y 162) con la clava derecha. Lanza la clava como haciendo un círculo frontal. Observa el brazo y la clava punteados en la Fig. 162. Aquí debo comentar que hacer únicamente un círculo lumbar, como en la figura 5, varias veces seguidas, sería demasiado difícil para cualquier principiante, y por esa razón he hecho uso del círculo frontal, que ayuda a que la ejecución del círculo lumbar sea mucho más sencilla. Esto explica la diferencia entre la Fig. 5 y la Fig. 162.

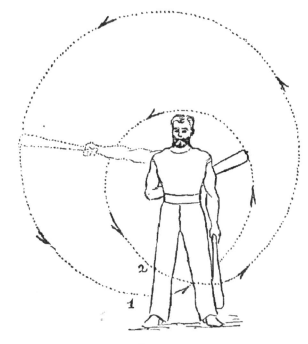

FIG. 162.

Ahora hay que prestar especial atención al codo, ya que en él reside todo el secreto del círculo, al igual que en los círculos posteriores ordinarios. Cuando se baja la clava por el lado de la pierna derecha, se dobla ligeramente el brazo, el codo va un poco por delante de la mano y de la clava, como se muestra en la Fig. 163. A partir de esa posición el codo no se mueve, es decir, no se sube, sino que se gira un poco, y la mano y la clava siguen su curso por detrás de la espalda, moviendo sólo el antebrazo, hasta que la posición alcanzada es como se ve en la Fig. 162. La vista posterior de esa posición se muestra en la Fig. 164.

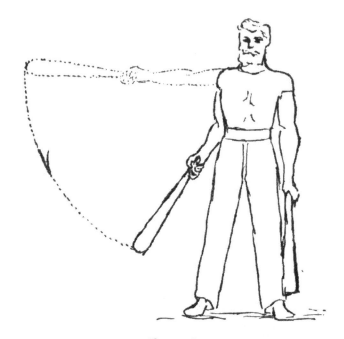

Fig. 163.

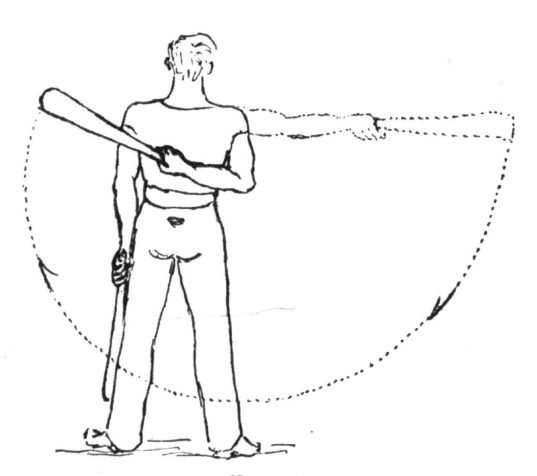

Fig. 164.

Ahora hay que prestar especial atención al codo, ya que en él reside todo el secreto del círculo, al igual que en los círculos posteriores ordinarios. Cuando se baja la clava por el lado de la pierna derecha, se dobla ligeramente el brazo, el codo va un poco por delante de la mano y de la clava, como se muestra en la Fig. 163. A partir de esa posición el codo no se mueve, es decir, no se sube, sino que se gira un poco, y la mano y la clava siguen su curso por detrás de la espalda, moviendo sólo el antebrazo, hasta que la posición alcanzada es como se ve en la Fig. 162. La vista posterior de esa posición se muestra en la Fig. 164.

Fig. 166.

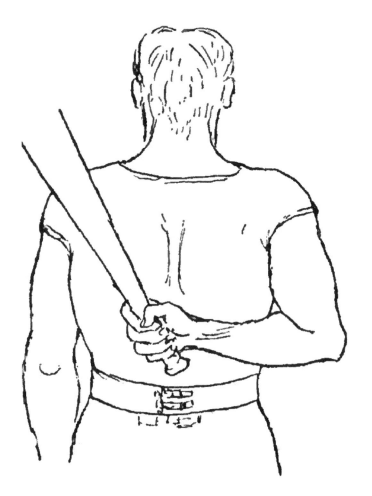

Fig. 165.

Fig. 167.

Aquí se observa la posición del codo, que se ha adelantado bastante. El hombro también está necesariamente adelantado. Para terminar el círculo, la mano pasa por el hueso de la cadera, como se observa en la Fig. 167, y desciende hasta la posición mostrada por el brazo punteado en la Fig. 168. El codo debe mantenerse hacia adelante. Luego se endereza el brazo y se continúa el círculo frontal como lo muestra el círculo punteado de la Fig. 168 hasta llegar a la posición del brazo punteado y la clava de la Fig. 162, donde comienza el círculo.

Aquí se observa la posición del codo, que se ha adelantado bastante. El hombro también está necesariamente adelantado. Para terminar el círculo, la mano pasa por el hueso de la cadera, como se observa en la Fig. 167, y desciende hasta la posición mostrada por el brazo punteado en la Fig. 168. El codo debe mantenerse hacia adelante. Luego se endereza el brazo y se continúa el círculo frontal como lo muestra el círculo punteado de la Fig. 168 hasta llegar a la posición del brazo punteado y la clava de la Fig. 162, donde comienza el círculo.

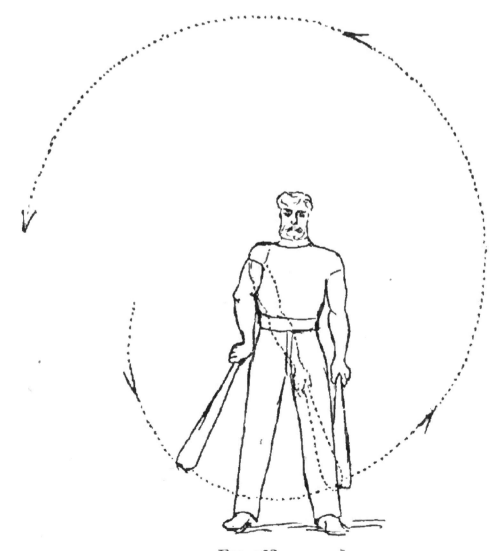

Fig. 168.

Círculo Lumbar Invertido con la clava derecha. Figs. 10 y 169.

Este ejercicio no debe intentarse hasta que se domine completamente el círculo lumbar.

El círculo lumbar invertido es exactamente igual al ejercicio anterior, pero se invierten los movimientos, por tanto, para su descripción me apoyaré en las figuras dadas para el círculo lumbar, comenzando por la última y terminando con la primera. Realmente la mejor manera de aprender el círculo lumbar invertido es hacer un círculo lumbar bastante lento, y, en lugar de estirar el brazo al terminar, como en la Fig. 168, se mantiene doblado y se lleva lentamente la clava hacia atrás por donde vino. Si esto se hace correctamente, se habrá realizado el círculo lumbar invertido.

En el círculo lumbar invertido el codo sigue a la clava y a la mano.

Comienza como muestra el brazo punteado de la Fig. 169, es decir, un círculo frontal invertido. Dobla el brazo como en la Fig. 168, manteniendo el codo bien hacia adelante, al igual que el hombro. Desde ahí la clava sube a la posición de la Fig. 167; de ahí a la de la Fig. 166, luego a la de la Fig. 165. Ahora presta atención al giro de la mano; gira la muñeca para que los nudillos queden apuntando hacia afuera y las uñas hacia adentro contra el dorso, llegando así a la posición de la Fig. 164, que es también la de la Fig. 169. A partir de ahí la clava se baja pasando por detrás de la pierna izquierda y de la derecha, hasta llegar a la posición de la Fig. 163, después de lo cual se estira el brazo y se continúa el círculo frontal invertido hacia arriba hasta la posición del brazo punteado de la Fig. 169. Esta figura muestra todo el ejercicio. Por supuesto, al observar las Figs. 163 a 168 no debe olvidarse que en el círculo lumbar invertido la dirección de la clava es exactamente la inversa a la marcada en esas figuras; esto puede verse fácilmente siguiendo los círculos punteados de la Fig. 169.

Haz el círculo lumbar invertido con el brazo izquierdo. Las mismas direcciones.

Ahora que se supone que el alumno ha apren-dido los dos círculos fundamentales restantes, los introduciré en el capítulo siguiente, dándoles números para su referencia.

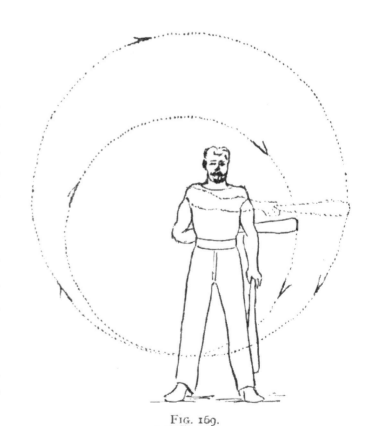

FIG. 169.

CAPITULO IV

CLAVAS PESADAS

En el uso de las clavas pesadas, la primera pregunta es: ¿Cuál es el peso de las clavas a utilizar? La segunda pregunta es: ¿Qué ejercicios deben realizarse con clavas pesadas?

En cuanto al peso de las clavas, es fácil ver que lo que es pesado para alguien puede ser ligero para otra persona. Un hombre que pesa 50 kilos y que apenas mide 1,68 metros, rara vez puede utilizar clavas del mismo tamaño o peso que un hombre que pesa 82 kilos y mide 1,80 metros. Sin embargo, como regla general, una clava de 9 kilos o dos de 17 kilos cada una son lo que, recomiendo en la práctica ordinaria, sin importar lo fuerte que sea un hombre. Yo mismo uso clavas que pesan 38 kilos el par, es decir 19 kilos cada una, y he empuñado algunas aún más pesadas, hasta de 25 kilos cada una, pero eso ha sido en casos excepcionales, y un espectáculo que está lejos de la práctica habitual. Por lo tanto, repito que para cualquiera que desee trabajar con clavas pesadas, un par de 7 kilos cada una, o una de 9 kilos, es suficiente. Algunos hombres supuestamente fuertes pueden decir: "Eso no es pesado", pero no hagas caso de tales observaciones, ya que nuestro objetivo es ganar salud además de fuerza, y no rivalizar con los modernos Sansones, muchos de los cuales he encontrado que no siempre son estrictamente exactos a la hora de indicar el peso de los implementos que utilizan. Mediante un uso libre de las tablas de multiplicar ellos hacen creer a algunas personas que utilizan grandes pesos, pero generalmente son una farsa.

Con frecuencia he escuchado mencionar sobre pesas o clavas de 22 a 27 kilos, y a veces más que en realidad pesaban de 3,5 a 4,5 kilos. Un empleado de uno de los mayores fabricantes de aparatos de gimnasia de Londres me dijo una vez que habían logrado fabricar para un profesional una clava de una especie de madera de corcho maciza, tan grande como de 18 kilos, y que sin embargo pesaba apenas 1,3 kilos pero me atrevo a decir que cuando se usaba en público se daba a entender que pesaba 40 a 45 kilos. Este tipo de engaño es bastante inofensivo en sí mismo, y sin embargo es con frecuencia la causa indirecta de que la gente se inflija lesiones duraderas al intentar rivalizar o superar lo que casualmente han visto hacer, sin ni siquiera intentar pensar si lo que vieron podría ser real o no.

Con respecto a la otra pregunta sobre, "¿Cuáles son los ejercicios que deben hacerse con clavas pesadas?", puedo responder que todos los que ya he descrito, y para convencer a los incrédulos, diré que con un par de clavas de 9,5 kilos cada una, he hecho todos los ejercicios de este libro con excepción de veinte como máximo, y éstos restantes los he hecho con un par de clavas de 6,8 kilos. Esto debería satisfacer cualquier pregunta sobre este tema, y con un par de clavas de 16,8 kilos, que yo recomiendo, no debería haber ninguna dificultad con tiempo y práctica en realizar todos los ejercicios que he mencionado anteriormente. Sin embargo, daré una tabla que enumera en orden los ejercicios que se hacen mejor con clavas pesadas, y que pueden resultar más útiles para la práctica general.

Aquí debo llamar la atención especialmente sobre la posición adecuada y las observaciones sobre la misma que he hecho al principio de este libro, véanse las Figs. 14 a 17.

Las clavas pesadas se trabajan en un tiempo mucho más lento que las ligeras. No debe haber movimientos bruscos, y todo debe ir uniformemente y parecer que se hace con la mayor facilidad. No puedo hacer nada mejor que pedir al alumno que recuerde todo lo que he dicho en cuanto a la forma de usar las clavas, ya que cuanta más atención se preste a todo eso en este momento, más fácil será el uso de las clavas pesadas. No te apresures y haz todo con cuidado; no intentes demasiado a la vez, sino perfecciona los ejercicios más sencillos antes de intentar los más difíciles. Por supuesto, los ejercicios se hacen exactamente de la misma manera y contando como se describe para las clavas ligeras.

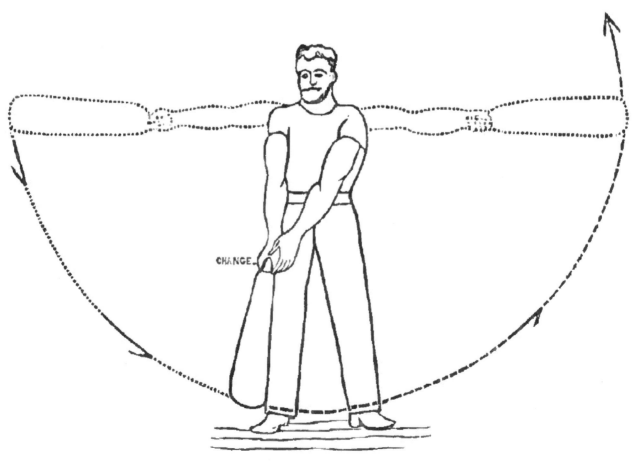

Fig. 209.

Una vez aprendidos los ejercicios mencionados en la tabla anterior, el alumno, si puede hacerlos con gran facilidad, puede intentar cualquiera de los otros que más le apetezca, pero yo recomendaría que se hicieran los siguientes en el orden indicado en la tabla general:

Ejercicios 15 a 34
Ejercicios 55 a 74
Ejercicios 87 a 120
Ejercicios 145 a 150
Ejercicios 197 y 198

Hasta ahora, he mencionado ejercicios para un par de clavas, pero la práctica de las clavas pesadas consiste principal y esencialmente en ejercicios con una sola clava, lo que permite al cuerpo contrarrestar el peso de la clava. He recomendado una clava de 9 kilos. Creo que es suficiente para todos los propósitos, y, aunque con frecuencia se usan otras más pesadas, simplemente repetiré mis observaciones anteriores en cuanto al peso.

La clava pesada puede usarse con ambas manos, pero no puedo recomendarla, ya que permite una acción unilateral a menos que las manos puedan moverse en cada balanceo. Usar las dos manos sólo es bueno para jugar, y no es una práctica seria y útil.

Para trabajar correctamente con una clava, es necesario saber cómo pasar la clava de una mano a la otra. Voy a explicar cómo se hace, y puedo decir de inmediato que es muy simple y fácil. Siguiendo mi regla anterior, daré un número a esto, como ejercicio.

Ejercicio 211. – Pasar del círculo frontal con el brazo derecho al círculo frontal invertido con el izquierdo.
Inicia con el brazo derecho. Sosteniendo la clava con la mano derecha, haz un círculo frontal. Cuando la clava esté pasando por la pierna derecha, agárrala con la mano izquierda, soltándola al mismo tiempo de la mano derecha, sin detener la dirección del balanceo ni por un instante. No hay la menor dificultad en este cambio de manos; es exactamente lo que cualquiera hace al tomar con la mano izquierda una clava que tenía en la derecha.

La Fig. 209 muestra dónde se realiza el cambio. Debe notarse que una vez en la mano izquierda, con la clava se hace un círculo frontal invertido.

Ejercicio 212. – El mismo tipo de cambio, pero comenzando con la mano izquierda y pasando la clava a la derecha. La clava cambia de mano al pasar por la pierna izquierda.

Ejercicio 213. – Practica el cambio de clavas alternativamente de izquierda a derecha y de derecha a izquierda. Comienza como en el Ejercicio 211, cambia a la mano izquierda, continúa el balanceo hasta que la clava y el brazo estén en posición horizontal, como se muestra en la Fig. 209, entonces detén el balanceo hacia arriba, permite que la clava regrese hacia abajo, como en el Ejercicio 212, y pásala a la mano derecha. El movimiento es como el de un péndulo.

Ejercicio 214. – Pasar de un círculo frontal invertido a un círculo frontal.
Comienza con el brazo derecho, haciendo un círculo frontal invertido. Cuando el brazo y la clava pasen por el hombro izquierdo; se toma la clava con la mano izquierda, soltándolo de la derecha, y se continúa el balanceo con la izquierda, haciendo un círculo frontal. Este cambio se muestra en la Fig. 210.

Ejercicio 215. – Igual que el ejercicio 214, pero empezando por la izquierda y pasando a la derecha.

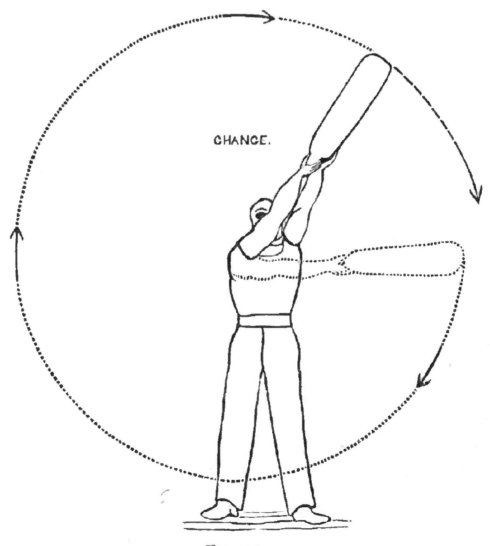

FIG. 210.

Ejercicio 216. — Cambiar alternativamente de derecha a izquierda y de izquierda a derecha. Se comienza como en el Ejercicio 214, de derecha a izquierda, se continúa el círculo frontal con la izquierda hasta que la clava esté en la posición inicial del Ejercicio 215, se detiene el balanceo, se lleva la clava hacia abajo (haciendo así un círculo frontal invertido con la izquierda), y se pasa a la mano derecha, como en el Ejercicio 215.

Debe haberse notado que el cambio del círculo frontal al círculo frontal invertido se hace hacia abajo cuando la clava pasa por las piernas (ver Fig. 209), y que el cambio desde el círculo frontal invertido al círculo frontal se hace hacia arriba cuando la clava pasa por la cabeza (ver Fig. 210).

Ejercicio 217. — Este es otro cambio, desde el círculo posterior invertido con una mano al círculo posterior invertido con la otra. Comienza exactamente como se muestra en el Ejercicio 45; haz un círculo frontal invertido y un círculo posterior invertido con el brazo derecho, y cuando hayas terminado, en lugar de extender el brazo y hacer un círculo frontal invertido, sube la mano izquierda y toma la clava, soltándola con la derecha; no detengas el movimiento de la clava, sino haz un círculo posterior con la izquierda. La Fig. 211 muestra dónde se hace el cambio; el cambio se produce por delante de la cara, un poco a la izquierda.

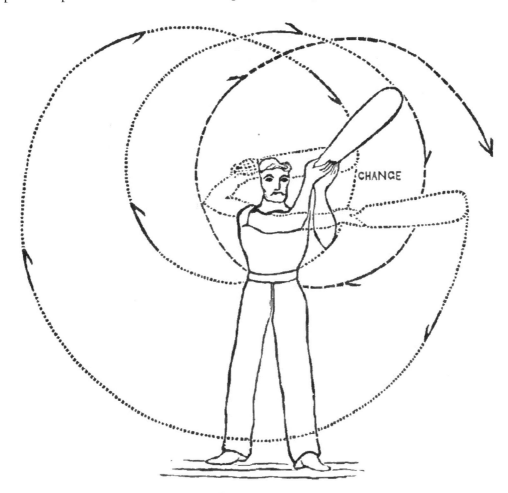

Fig. 211.

Ejercicio 218. – Es igual que el ejercicio 217, pero iniciando por la izquierda y pasando a la derecha, el cambio se realiza en el lado derecho de la cara.

Ahora he dado los tres cambios principales para una sola clava pesada pero los ejercicios descritos para las clavas ligeras también se utilizan, y con la experiencia y la práctica algunos otros se sugerirán por sí mismos. En cualquier caso, puedo decir con seguridad que para los ejercicios de una sola clava los principales cambios son –para la misma mano, los ejercicios 151 a 154, 159 y 160– de una mano a otra, los ejercicios 211 a 218. A continuación, daré algunas combinaciones que se pueden hacer mediante los cambios.

Ejercicio 219. – Es una combinación de los Ejercicios 211 y 215, iniciando con el brazo derecho. Se comienza y se cambia como en el Ejercicio 211, se continúa el círculo frontal invertido con la izquierda y se cambia como en el Ejercicio 215; este cambio lleva la clava de nuevo a la mano derecha, como en el comienzo. Debe notarse que la clava se balancea en la misma dirección, alternando el círculo frontal con la derecha y el círculo frontal invertido con la izquierda.

Ejercicio 220. – Es igual al ejercicio 219, pero empezando por la izquierda; es una combinación de los ejercicios 212 y 214.

Ejercicio 221. – Es una combinación de los Ejercicios 211 y 218. Se empieza y se cambia como en el Ejercicio 211, se continúa el círculo frontal invertido con la izquierda, se hace un círculo posterior invertido con ese brazo, y se cambia a la derecha, como en el Ejercicio 218, después de lo cual la derecha comienza de nuevo el Ejercicio 211.

Ejercicio 222. – Es igual al ejercicio 221, pero empezando por la izquierda.

Ejercicio 223. – Es una combinación de los Ejercicios 151 y 214, y de los Ejercicios 152 y 215. Realiza el Ejercicio 151 (Fig. 191) en su totalidad. Al final de ese ejercicio el brazo derecho está haciendo un círculo frontal invertido, que es lo mismo que el comienzo del Ejercicio 214, por lo tanto, después del círculo frontal invertido, haz el cambio del Ejercicio 214, que lleva la clava a la mano izquierda haciendo un círculo frontal, como en el inicio del Ejercicio 152. Haz el Ejercicio 152, después de lo cual se hace el cambio como en el Ejercicio 215, que trae la clava de nuevo a la posición inicial del Ejercicio 151.

Ejercicio 224. – Es una combinación de los Ejercicios 153 y 211 y de los Ejercicios 154 y 212. Realiza el Ejercicio 153 (Fig. 193) en su totalidad. Al final de ese ejercicio el brazo derecho está haciendo un círculo frontal, como en el inicio del Ejercicio 211; a partir de ese círculo frontal haz el cambio del Ejercicio 211, que lleva la clava a la mano izquierda haciendo un círculo frontal invertido, como en el comienzo del Ejercicio 154. Haz el Ejercicio 154, y después el cambio del Ejercicio 212, que lleva la clava a la derecha de nuevo, como en la posición inicial del Ejercicio 153.

Ejercicio 225. — Es una combinación de los Ejercicios 151 y 217, y de los Ejercicios 152 y 218. Es exactamente el mismo Ejercicio 223, pero utilizando los cambios de los Ejercicios 217 y 218. Haz el Ejercicio 151 por completo, llevando el brazo derecho en un círculo frontal invertido, que es el comienzo del Ejercicio 217; haz ese ejercicio y su cambio para llevar la clava a la izquierda, como en el Ejercicio 152; haz ese ejercicio, después el Ejercicio 218 y el cambio, llevando así la clava de nuevo a la derecha.

Ejercicio 226. — Es otra combinación de los movimientos realizados en el ejercicio 225. Para esto es preferible comenzar como en el Ejercicio 217. El cambio del Ejercicio 217 es de un círculo posterior invertido con la derecha a un círculo posterior con la izquierda. En el Ejercicio 226, cuando la clava está en la izquierda haciendo el círculo posterior después del cambio, en lugar de terminar ese círculo posterior y extender el brazo a un círculo frontal, como en el Ejercicio 225, pasa de inmediato, desde el círculo posterior, la clava sobre la cabeza como en el Ejercicio 152 (Fig. 191, el Ejercicio 151 muestra que esto se hace con el brazo derecho). Este paso de la clava sobre la cabeza lleva a la posición inicial del Ejercicio 218. Haz lo mismo de izquierda a derecha, lo que lleva la clava una vez más a la posición inicial del Ejercicio 217. Se verá que en el Ejercicio 226 se prescinde totalmente de los círculos frontales de los Ejercicios 151 y 152, que se utilizaron en el Ejercicio 225. En resumen, el Ejercicio 226 se desarrolla así: con la derecha círculo frontal invertido, círculo posterior invertido, se cambia a la mano izquierda; con la mano izquierda se pasa por encima de la cabeza, círculo frontal invertido, círculo posterior invertido, se cambia a la mano derecha, se pasa por encima de la cabeza con la derecha y se vuelve a empezar.

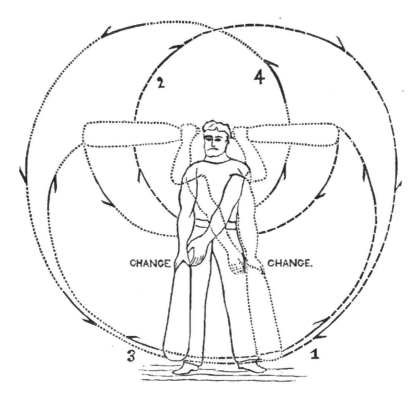

Fig. 212.

Ejercicio 227. – Combinación de los ejercicios 159 y 160 con los Ejercicios 211 y 212. Este ejercicio trata simplemente de hacer el Ejercicio 159 a la derecha, luego pasar la clava a la izquierda con el cambio del Ejercicio 211, Fig. 209, luego hacer el Ejercicio 160 a la izquierda, después de lo cual se vuelve a pasar la clava a la derecha con el cambio del Ejercicio 212. Este ejercicio 227 es el favorito de aquellos que, aunque desean usar una clava pesada, no desean intentar nada complicado o difícil, este ejercicio es extremadamente fácil, y puede mantenerse durante mucho tiempo con muy poca fatiga o esfuerzo. No debe apresurarse de ninguna manera, y se encontrará que la clava se balancea casi por sí misma, pero el cuerpo debe usarse bien como contrapeso de la clava (ver Fig. 16). La Fig. 212 muestra el ejercicio 227.

Me hubiera gustado mostrar ilustraciones o figuras para todos los cambios descritos en los ejercicios anteriores, pero encontré que los diversos cambios en la dirección que la clava tiene que ir habrían hecho las figuras más difíciles de entender para el lector, y lo habrían desconcertado más que ayudado. Sin embargo, no se debería experimentar ninguna dificultad, ya que he proporcionado las figuras de los cambios individuales, y la referencia a ellos mientras se hacen los cambios combinados será suficiente para refrescar la memoria y mostrar cómo debe ir la clava.

Ejercicio 228. – Combinación del ejercicio 227 con el 45. Inicia con el brazo derecho. Círculo frontal invertido–uno; círculo posterior invertido–dos; otro círculo frontal invertido–tres; luego cambio de balanceo como se muestra en la Fig. 195–cuatro. La clava desciende ahora, comenzando un círculo frontal–cinco; cambiar de mano como en el Ejercicio 227. Con este cambio la clava está ahora en la mano izquierda; haz un círculo frontal invertido–uno; círculo posterior invertido–dos; otro círculo frontal invertido–tres; luego cambio de balanceo como antes–cuatro; llevando la clava en un círculo frontal–cinco; cambia de mano y la clava está de nuevo en la mano derecha como en el comienzo del ejercicio. Este es un ejercicio muy bueno y efectivo que pone en movimiento muchos músculos.

Ejercicio 229. – Es la combinación del Ejercicio 227 con un círculo lumbar, Fig. 162. Inicia con el brazo derecho, haz un círculo lumbar, luego cambia de mano como en el Ejercicio 227; haz el cambio de balanceo de ese ejercicio con la mano izquierda, pero cuando la clava desciende, en lugar de hacer un círculo frontal, se hace un círculo lumbar, después de lo cual se pasa la clava a la mano derecha, se hace un cambio de balanceo, quedando así de nuevo en la posición inicial.

Ejercicio 230. – Es la combinación del Ejercicio 227 con el círculo lumbar invertido. Inicia con la derecha, realiza un círculo lumbar invertido, y después de ese círculo, cuando la clava está en la posición mostrada por la clava punteada en la Fig. 162, dobla el brazo derecho y haz el cambio de balanceo como se observa en la Fig. 212, luego hacia abajo y se pasa la clava a la mano izquierda, a este cambio le sigue un círculo lumbar invertido con la izquierda, después del cual se cambia de balanceo como antes, luego se cambia de mano, quedando de nuevo en el punto de partida.

Se pueden efectuar muchas más combinaciones de ejercicios, pero creo que he dado suficientes para todos los fines prácticos; otras se sugerirán al ejecutante avanzado.

Con las clavas pesadas se realizan también los llamados ejercicios lentos o proezas de fuerza. Me limitaré a nombrar algunos para quienes tengan interés en practicarlos. Esta clase de ejercicios pueden hacerse con una sola clava, haciendo el ejercicio primero con una mano y luego con la otra; o pueden hacerse con ambas clavas al mismo tiempo.

Deben hacerse muy lentamente, y usando por completo la fuerza muscular. Mucha gente, al hacer las llamadas proezas de fuerza en gimnasia, van muy despacio en la parte fácil del ejercicio, pero cuando llegan a la parte difícil la ejecutan con un rápido movimiento; esto engaña a los no iniciados, pero al fin y al cabo sólo se engañan a sí mismos. Lo mismo ocurre con los ejercicios de clava lentos. En la Fig. 213 muestro la posición de algunos de los siguientes ejercicios. Todos estos ejercicios deben hacerse primero con un solo clava y luego con las dos.

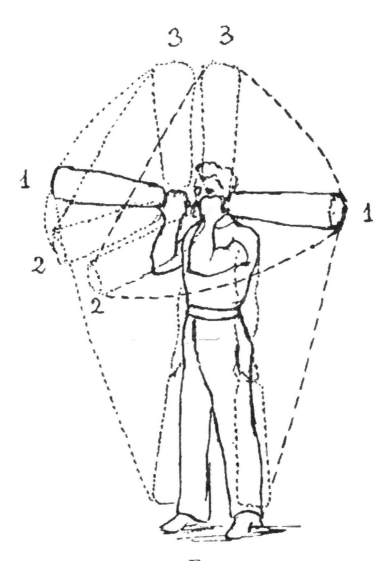

Fig. 213.

Ejercicio 231. – Lleva la clava derecha lentamente hasta la posición uno de la fig. 213, y luego baja lentamente hasta el punto de partida.

Ejercicio 232. – Se hace lo mismo con la clava izquierda.

Ejercicio 233. – Sube la clava derecha lentamente como antes hasta la posición uno; desde esa posición llévala lentamente hasta la posición dos de la Fig. 213; luego vuelva a la posición uno, y baja lentamente.

Ejercicio 234. – Se hace igual pero ahora con la clava izquierda.

Ejercicio 235. – La clava derecha sube lentamente hasta la posición uno, desde allí se sube lentamente hasta la posición tres, Fig. 213, se regresa lentamente a la posición uno, y baja.

Ejercicio 236. – Se hace igual pero ahora con la izquierda.

Ejercicio 237. – Lleva la clava derecha lentamente hasta la posición 1; de ahí a la posición 3, luego a la posición 2, de nuevo a la posición 1, luego a la posición 2, de nuevo a la posición 3, a la posición 1, y luego hacia abajo. Todo debe hacerse lentamente.

Ejercicio 238. – Se hace lo mismo, pero con la izquierda.

Este último ejercicio es primordial para las dos clavas; de hecho, los ejercicios 231 a 238 deben hacerse tanto con una clava como con dos clavas. Los pocos ejercicios lentos anteriores pueden tener muchas variaciones, como el alumno podrá comprobar por sí mismo fácilmente.

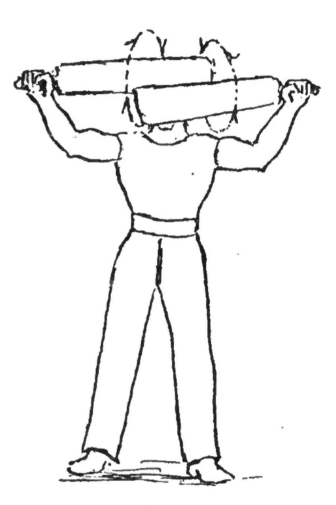

Fig. 214.

Ejercicio 239. – Este ejercicio se realiza con ambas clavas. Sostén las clavas como se muestra en la Fig. 214, y mientras estás en esa posición gíralas una alrededor de la otra como se indica en los círculos punteados de la Fig. 214. Este ejercicio debe hacerse primero con las clavas en dirección a la cabeza, como lo indican las flechas de los círculos en la Fig. 214. Haz esto varias veces, y luego invierte el movimiento, las clavas se alejan de la cabeza. Las clavas deben dar la vuelta lentamente.

Ejercicio 240. - Esto también se hace con las dos clavas. Llévalas lentamente hasta la posición uno de la Fig. 215, sostenlas con los brazos rectos, y desde allí llévalas lentamente hacia adelante con los brazos rectos hasta la posición dos, luego hacia atrás lentamente con los brazos rectos hasta la posición uno, y luego lentamente hacia abajo.

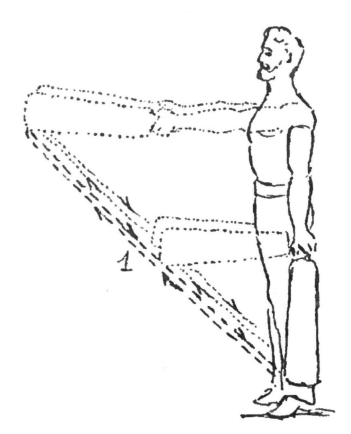

FIG. 215.

Concluyo aquí los ejercicios con clavas pesadas, aunque podría haber descrito muchos más, ya que los que he dado aquí pueden combinarse en variaciones casi infinitas.

Sólo puedo añadir que hay muchos trucos de malabarismo que se pueden hacer con las clavas, pero no los apruebo para las clavas ligeras. Los malabares con las clavas pesadas tienen más sentido debido al peso de las clavas, pero incluso en ese caso pertenecen más a un trabajo de exhibición que a un genuino y beneficioso ejercicio con clavas. Los malabares no son en absoluto difíciles, sino que requieren simplemente un ojo muy rápido, una gran firmeza y una gran cantidad de práctica, pero sobre todo una total atención por las manos, o los pulgares y los dedos, que a veces pueden lesionarse gravemente. Los malabares son muy aceptados por el público, y mi propia experiencia es que parecen gustarles más que cualquiera de las combinaciones más arduas o ingeniosas. Sin embargo, no creo necesario introducir aquí los malabares, ya que cualquiera que desee practicarlos descubrirá pronto cómo se hacen, y si la clava es pesada, cómo se sienten.

FABRICA TU PROPIA CLAVA 4
Clava mediana de hierro

Los del ejemplo son caños de gas con recubrimiento de Epoxy, pero puede ser cualquier tipo de caño de hierro.

1 tapa de 3/4"

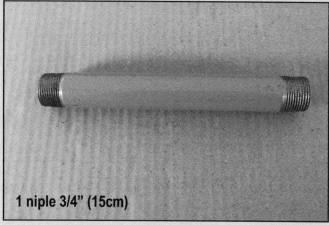

1 niple 3/4" (15cm)

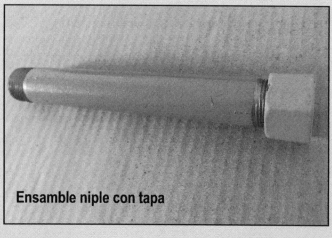

Ensamble niple con tapa

LISTA DE COMPRAS

- 1 Tapa 3/4"
- 1 Niple 3/4" (15 cm)
- 1 Cupla de reducción de 1" a 3/4"
- 1 Rosca de 1"
- 1 Buje de reducción de 1 1/2" a 1"
- 2 Cuplas de 1 1/2"
- 1 Niple de 1 1/2" (10 cm de largo)
- 1 Rosca de 1 1/2"
- 1 Tapa de 1 1/2"

Cuando escribimos 3/4" se lee como "tres cuartos de pulgada".

Cuando escribimos 1 1/2" se lee como "una pulgada y media".

Cupla de reducción de 1" a 3/4"

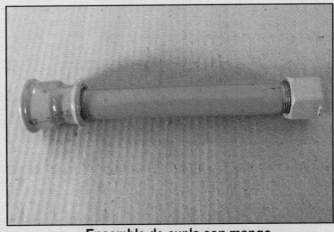
Ensamble de cupla con mango

Rosca de 1"

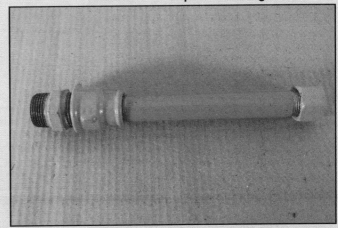
Ensamble de rosca con mango

Buje de reducción de 1 1/2" a 1"

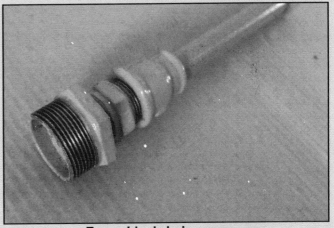
Ensamble de buje con mango

Cupla de 1 1/2"

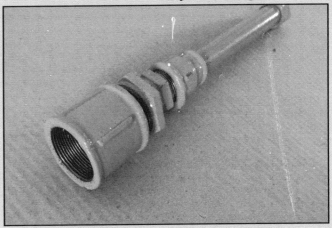
Ensamble de cupla con mango

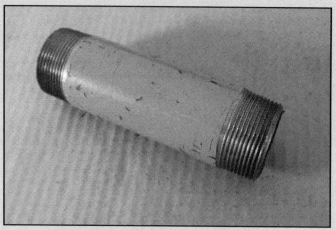
Niple de 1 1/2 (10cm largo)

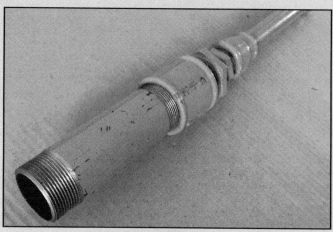
Ensamble

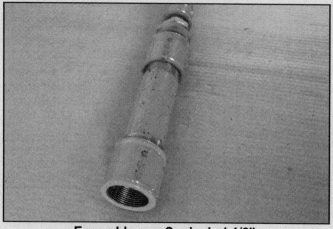
Ensamble con Cupla de 1 1/2"

Rosca de 1 1/2"

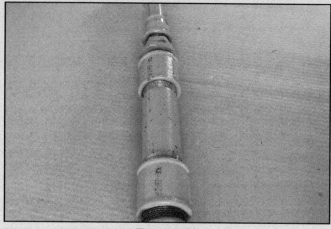
Ensamble

Tapa de 1 1/2"

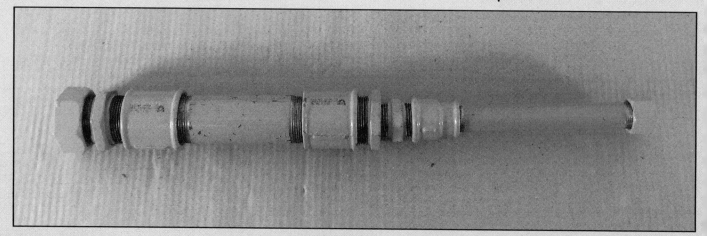

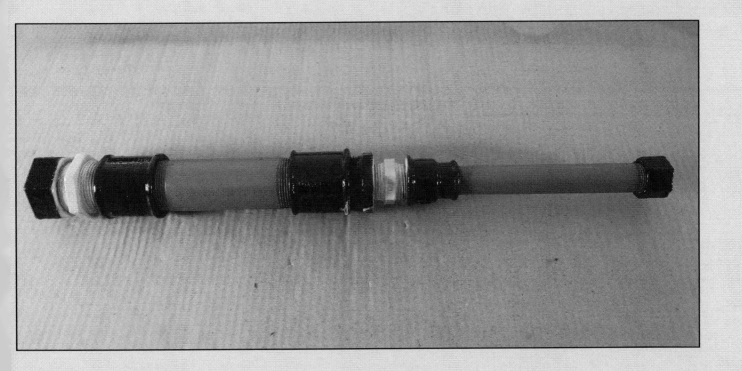

CAPITULO IV

J. H. DOUGHERTY
BIBLIOTECA ATLETICA DE CLAVAS Y MANCUERNAS. NEW YORK. 1914

BALANCEO DE CLAVAS

Hay gran fascinación por este ejercicio que se desarrolla con la destreza. Raramente se siente tensión o esfuerzo, luego de que los movimientos primarios son dominados. Tan pronto como el principiante se da cuenta de que la tendencia de la clava debido a su estructura especial, es describir un círculo, a no ser que se detenga su curso de manera prematura, ha superado el único obstáculo. Después de eso sólo se tiene que pensar en un movimiento, y, como dice un instructor práctico, "las clavas hacen el resto".

La generación actual es la primera en tener la oportunidad de disfrutar de este ejercicio en este país. Sin embargo, no será la última, ya que la clava india, a diferencia de muchas innovaciones igualmente modernas, ha llegado para quedarse. Su título indica su origen. Cuando los británicos procedieron a anexionar a la India, se sorprendieron al ver que los nativos eran maravillosamente expertos en el manejo de las clavas con variados movimientos elegantes y fantásticos.

Los oficiales ingleses no tardaron en reconocer el desarrollo superior de estas personas, las más adictas a este pasatiempo novedoso. Uno de ellos se refiere a él de la siguiente manera: *"El maravilloso ejercicio de la clava es uno de los tipos de entrenamiento atlético más eficaces. Las clavas son de madera de 2 a 20 kilos y de longitud aproximada de 76 centimetros"*

"El ejercicio tiene una gran reputación entre los soldados nativos, la policía y otros, cuya práctica los hace aptos para emergencias en las que es deseable una gran fuerza muscular. El avance que es posible lograr con las clavas, en manos de expertos, es sumamente gratificante."

Además de ser recomendadas por su simplicidad, la práctica de las clavas indias posee la propiedad esencial de expandir el pecho y ejercitar cada músculo del cuerpo simultáneamente.

El ejercicio con clavas, poco después fue introducido en el ejército británico como parte del entrenamiento. Con el paso del tiempo su popularidad se extendió en este país y su uso puede ahora ser descrito como universal. De hecho, los apasionados de esta práctica estaban en lo correcto cuando dijeron: "Ninguna casa está bien amueblada sin al menos un par".

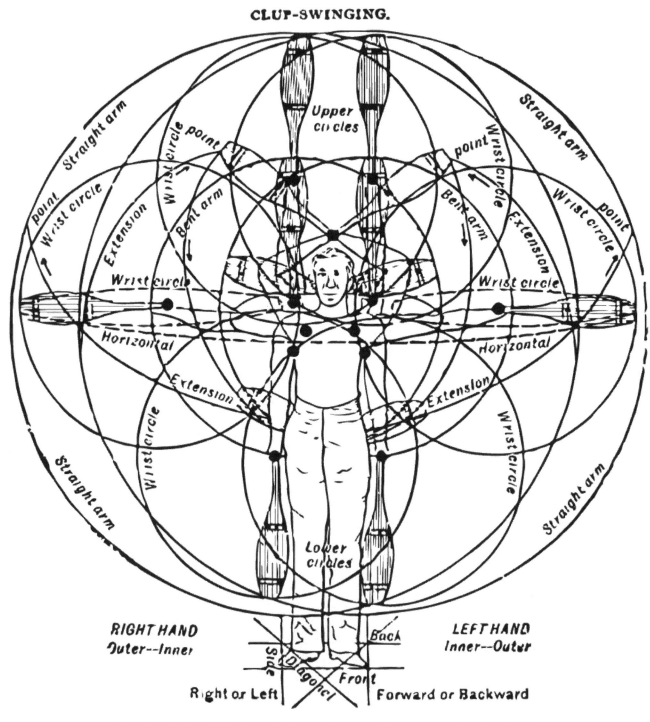

LOS PRINCIPIOS DEL BALANCEO DE CLAVAS, Fig. I

En el grabado, los puntos negros representan la empuñadura de la clava y el centro del círculo hecho por el extremo de la clava, al rodear la mano que se sostiene casi inmóvil.

Las líneas en los pies de la figura, muestran la forma de variar los movimientos al balancearse por delante, por detrás, a los lados y en diagonal al frente del cuerpo.

Cualquier círculo hecho en una dirección puede ser invertido y balanceado en la dirección opuesta.

Cualquier círculo hecho mientras la mano se mantiene en cualquiera de las nueve posiciones puede hacerse con la mano en cualquiera de las otras posiciones.

Entendiendo esto, y el método apropiado de combinar los círculos en movimientos dobles, el alumno será capaz de inventar combinaciones que incluyan dos o todos los círculos.

La precisión es de gran importancia en la práctica de los ejercicios descritos en este libro. Esto debe comprenderse a fondo ya que no se puede adquirir ninguna habilidad cuando los movimientos se hacen de manera descuidada o torpe.

Tal vez sería mejor practicar primero los movimientos sin las clavas, girando el brazo y la muñeca de la manera adecuada hasta que la idea esté perfectamente clara, y luego proceder con la clava.

En la selección de las clavas, el principiante debe tener cuidado de que estas no sean demasiado pesadas para los movimientos difíciles; una clava que se pueda sostener con el brazo extendido y con la que se pueda describir un círculo de muñeca, es la mejor, y el ejercicio que se obtiene al mantener su uso por más tiempo, es más beneficioso que el esfuerzo de balancear una clava pesada un tiempo más corto.

Es mejor aprender los nombres de los diferentes círculos y movimientos, ya que estos dan una comprensión mucho más clara de los mismos de la que se podría obtener de otra manera. En los movimientos individuales, los nombres describen el círculo en sí mismo. En los dobles, el nombre del movimiento muestra la relación que tienen los brazos entre sí para completar un círculo.

En la práctica, párate erguido, expande el pecho, afirma el hombro y levanta ligeramente el mentón, mira directamente al frente, inclínate un poco hacia adelante de manera que el peso se enfoque en las puntas de los pies, ten los talones a dos pulgadas de distancia con los dedos extendidos en un ángulo de cuarenta y cinco grados. Si hay una línea en el suelo o en la alfombra, sería bueno pararse de frente a ella; haz que la clava siga esta línea lo más cerca posible.

Primero lleva la clava a la posición inicial, con la mano opuesta a la parte derecha del pecho, el codo presionado hacia el lado, los nudillos girados hacia fuera y la clava extendida verticalmente.

Comienza cada círculo o movimiento desde esta posición. Cuando sólo se use una clava, deja el otro brazo descansando a un lado. Si se va a hacer un círculo con el brazo recto, eleva la clava a la longitud del brazo hasta un punto directamente por encima, y luego procede.

Primero haz que la clava describa un círculo interior, es decir, que inicie hacia la cabeza o el centro del cuerpo. Luego describe el mismo círculo de forma lateral, es decir, en ángulo recto con la línea. Luego lo mismo diagonalmente con la línea, a continuación, describe el mismo círculo en la dirección opuesta o exterior, comenzando lejos de la cabeza o el cuerpo, y así sucesivamente a través de tres círculos como antes. Luego intenta otro círculo igual, y tan pronto como todos los círculos individuales hayan sido dominados toma ambas clavas y procede de la misma manera.

Si en un comienzo, al hacer los círculos, la clava tuerce la muñeca, intenta otra forma de sostenerla ya que el secreto de hacer los movimientos difíciles está en la forma en que la clava se sostiene en la mano.

Los movimientos dobles son simplemente CUATRO maneras diferentes de combinar los círculos simples.

Los círculos descritos abarcan todo lo que existe para el balanceo de clavas. Cuando esto se domina a fondo con cualquiera de las manos, balanceando a la derecha o a la izquierda, hacia adelante o hacia atrás y en diagonal, se puede, con ingenio y paciencia, formar una variedad infinita de bellas, intrincadas y difíciles evoluciones, combinando los círculos.

En una combinación, cualquier número de círculos pueden ser formados, contando mientras se practica.

En un solo tiempo, cuenta uno para el círculo de ambas manos. Esto es para hacer un movimiento de brazo recto PARALELO Fig. 23, o CRUZADO Fig. 24, cuenta 1, añade un círculo con el brazo doblado, cuenta 2, es decir, 1-2, 1-2, etc.

En tiempo doble, cuenta uno para cada círculo de cada mano. Es decir, al hacer un movimiento de SEGUIMIENTO de brazo recto, Fig. 25, cuenta 1 y 2, añade un círculo de brazo doblado, cuenta 3 y 4, es decir, 1-2-3-4, 1-2-3-4, etc. Siempre cuenta tantos números como círculos haya en la combinación.

El movimiento de retroceso de la Fig. 26, puede ser hecho en uno o doble tiempo.

El mejor método para aprender los movimientos dobles es el siguiente. Sostén las clavas en la posición inicial, realiza el movimiento varias veces con la mano derecha, y luego haz lo mismo con la izquierda. Repite haciendo un círculo menos con cada mano, y continúa, haciendo uno menos cada vez, hasta que el movimiento se haga una vez con cada mano. Entonces cuenta los círculos y procede, contando como se indica.

Cuando los movimientos y los círculos hayan sido dominados lo suficientemente bien, el interés por el ejercicio se incrementará disponiendo una rutina de movimientos en grupo, con todos los cambios que hay en ellos, en el orden en que deben venir, con los movimientos sencillos primero y los más difíciles después.

Para llegar a ser un ejecutor artístico y elegante, se necesita hacer cada movimiento en un tiempo perfecto y con la mayor precisión, combinando así la gracia y la elegancia. Si la clava ha de ser sostenida perpendicular, que sea exactamente así; si es horizontal, que sea exactamente horizontal. Describe todos los círculos y barridos de frente o de lado, y no las balancees demasiado rápido. Cuando puedas tener el beneficio de un gran espejo, este será de valiosa ayuda para encontrar defectos y corregir movimientos torpes, y también te ayudará a desarrollar innumerables variaciones y movimientos. Esto último ofrece un amplio campo para el ingenio y la habilidad de combinar, y con paciencia y perseverancia, el alumno pronto se convertirá en el maestro de un hermoso y beneficioso logro.

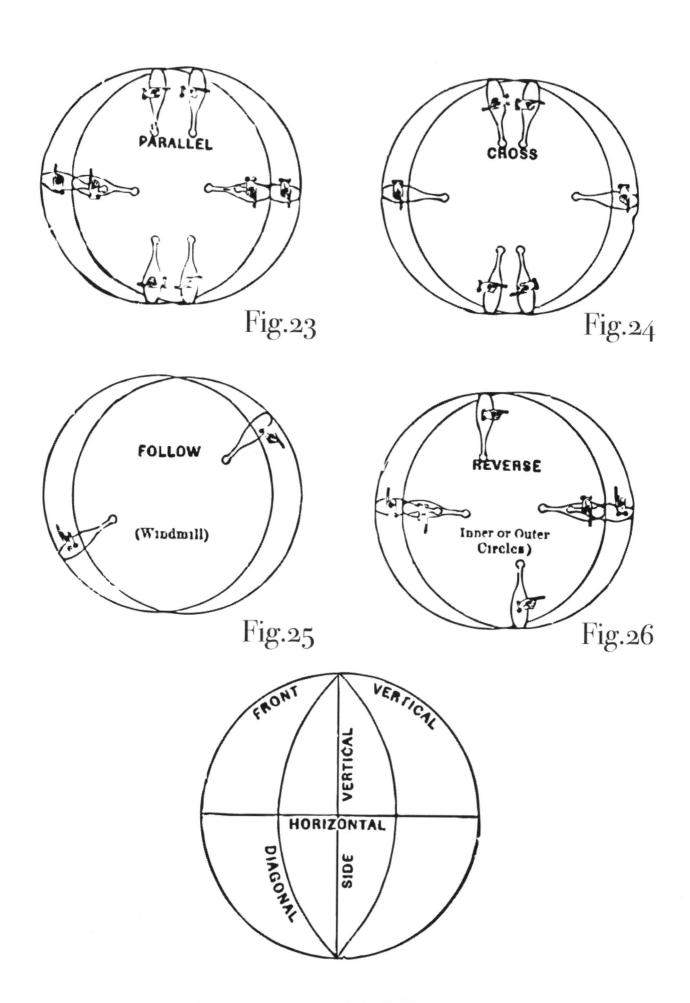

DOBLE MOVIMIENTO DE BRAZO DOBLADO. Fig. 27

Como ilustración de la simplicidad de los movimientos dobles, la figura aquí mostrada será un buen ejemplo. El movimiento que se muestra es una combinación de los círculos internos y externos con los brazos doblados. Al cruzar las clavas por encima de la cabeza se realiza un movimiento en cruz. Al balancearse uno antes que el otro se ejecuta un movimiento de reversa y al pasar ambos en la misma dirección se obtiene un movimiento paralelo.

CÍRCULOS CON LOS BRAZOS EXTENDIDOS. Fig. 28

La figura ilustra la forma de hacer estos círculos con dos clavas. Balancea las clavas, 1º Por fuera de los brazos. 2º. Por dentro. 3º. A la derecha de ambos. 4º. A la izquierda. Adelante o atrás. Pueden hacerse en Paralelo, Cruz, Seguimiento o Reversa, por Delante y Lateral.

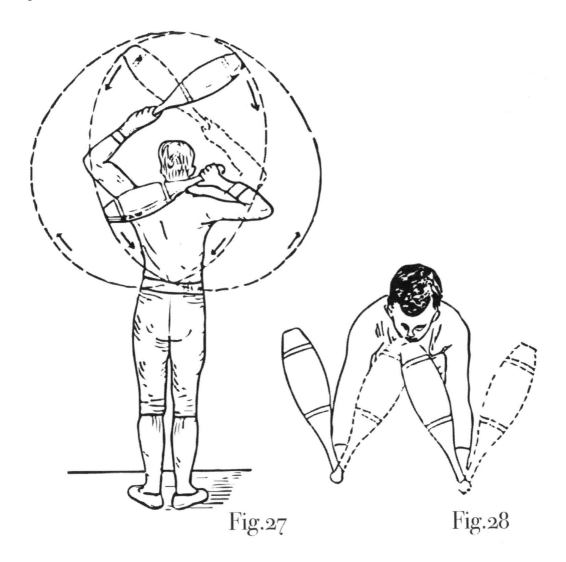

Fig. 27   Fig. 28

MOVIMIENTO PARALELO. Fig. 29

Este movimiento es una combinación de los círculos internos y externos, las clavas se mueven de forma paralela en un círculo completo.

Es de gran importancia comprender a fondo que las descripciones de los movimientos dobles no son sólo para los círculos de brazo recto, sino también para cada movimiento descrito en los círculos simples. Todos ellos se pueden hacer de las maneras descritas, y cualquiera de dos o más se pueden combinar.

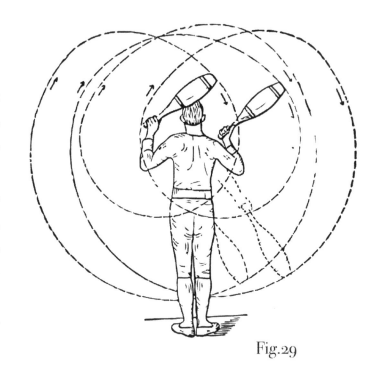

Fig.29

MOVIMIENTO DE SEGUIMIENTO. Fig. 30

Este movimiento es la misma combinación que Paralelo, las clavas se siguen entre sí como los brazos de un molino de viento, manteniendo la misma posición relativa para un círculo completo.

Un círculo por detrás, ya sea superior o inferior, debe ser añadido para permitir que las clavas se pasen entre sí.

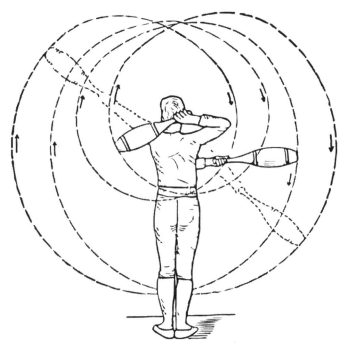

Fig.30

MOVIMIENTO DE DOBLE EXTENSIÓN. Fig. 31

La doble Extensión es una combinación de medio círculo de Brazo Recto y medio de Brazo Doblado, y puede hacerse en Paralelo, Cruz, Reversa o Seguimiento, también puede combinarse con cualquiera de los círculos haciendo la Extensión con una clava y el círculo con la otra, fijando el conteo, para permitir que las clavas se pasen entre sí sin interrumpir el tiempo.

Estas combinaciones de medios círculos deben recibir la debida atención ya que es la única manera de revertir de derecha a izquierda o de cambiar de un movimiento a otro sin interrumpir el tiempo.

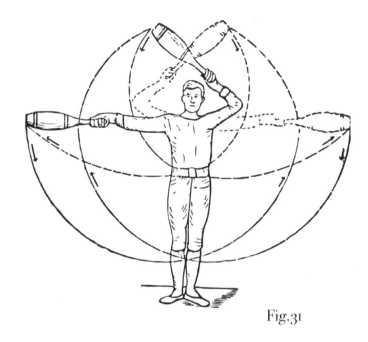

Fig. 31

MOVIMIENTOS CRUZADOS, INTERIOR O EXTERIOR. Fig. 32

Para los círculos cruzados internos, comienza cruzando los brazos o las clavas en la parte superior del círculo y separándolos en la parte inferior, uniéndose y cruzándose como antes, en la parte superior.

Para el círculo cruzado exterior, comienza separando los brazos o las clavas en la parte superior y cruzándolos en la parte inferior. Combinado con círculos en la parte baja de la espalda o por delante, este movimiento se vuelve muy bonito.

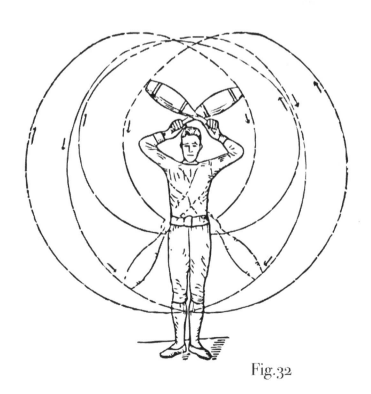

Fig. 32

MOVIMIENTO DE REVERSA INTERIOR. Fig. 33

El movimiento de reversa interior es la combinación de los círculos recto interior y de brazo doblado, los brazos o las clavas se cruzan y se separan a los lados del círculo. Comienza balanceando una mitad del círculo con una mano antes de mover la otra, luego mueve ambas entre sí pasando por la parte más externa del círculo, volviendo a pasar por el lado opuesto. Para combinar el círculo recto con el de brazo doblado, como se muestra en la figura, comienza a llevar ambas clavas en direcciones opuestas al mismo tiempo, haz que la clava de la derecha describa un círculo completo interior de brazo doblado, mientras que el de la izquierda describe un círculo interior de brazo recto, las clavas regresan juntas la posición inicial. Luego se repite, haciendo que la clava de la izquierda describa el círculo de brazo doblado y la derecha el círculo del brazo recto.

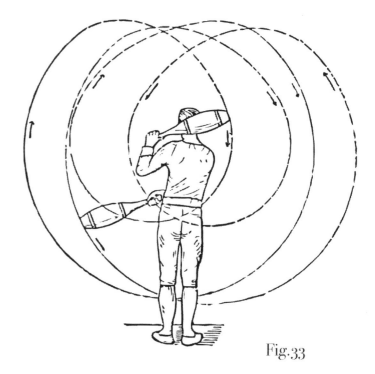

Fig. 33

MOVIMIENTO DE REVERSA EXTERIOR. Fig. 34

El movimiento de reversa exterior es la combinación de los círculos recto exterior y brazo doblado, los brazos o clavas se cruzan y se separan a los lados de los círculos. Comienza balanceando una mitad o un círculo con una mano antes de mover la otra, luego mueven ambas entre sí pasando por la parte más exterior del círculo, volviendo a pasar por el lado opuesto.

Para combinar los círculos de brazo recto y doblado, como se muestra en la figura, comienza llevando ambas clavas en direcciones opuestas al mismo tiempo, haz que la clava de la derecha describa un círculo completo externo de brazo doblado, mientras que la de la izquierda describe un círculo externo de brazo recto, las clavas regresan juntas la posición inicial. Luego repite, haciendo que la clava de la izquierda describa el círculo del brazo doblado y la de la derecha el círculo del brazo recto.

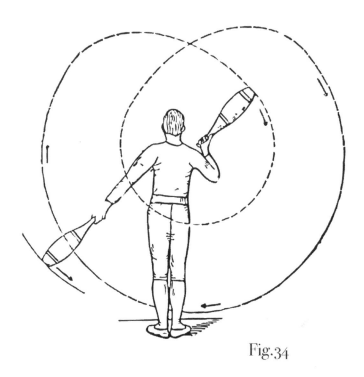

Fig. 34

MOVIMIENTO SOBRE EL BRAZO. Fig. 35

Este movimiento se balancea igual que los movimientos de reversa interior y exterior y se deben seguir las mismas direcciones. Lleva la cabeza bien hacia atrás y extiende los brazos en su mayor longitud para permitir que las clavas hagan un círculo elegante sobre el hombro.

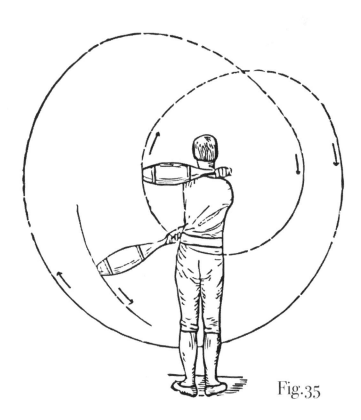

Fig. 35

MOVIMIENTO DE BRAZOS DOBLADOS POR ADELANTE. Fig. 36

Para este movimiento sigue las instrucciones dadas para los círculos de reversa interior y exterior. Extiende los brazos en toda su longitud y comprime los hombros hacia adelante para permitir la acción necesaria del brazo, haciendo el círculo del brazo doblado

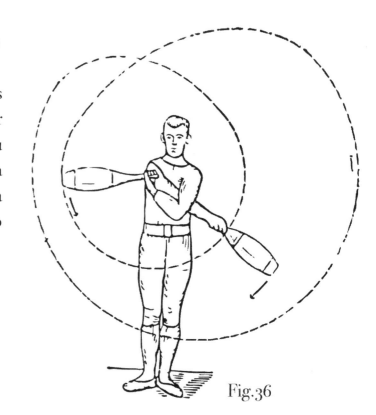

Fig. 36

EJERCICIO PARA CLAVAS PESADAS. Fig. 37

Ponte de pie con los pies bien apoyados, como se muestra en la figura. Desde la posición inicial, levanta la clava y déjala caer sobre la cabeza y que cuelgue por detrás de la espalda, luego invierte el movimiento pasando la clava con los brazos extendidos, alrededor por delante y arriba hasta una posición horizontal por detrás de la espalda. Varía el movimiento pasando la clava a la derecha o a la izquierda del cuerpo.

Fig. 37

SEGUNDO EJERCICIO. Fig. 38

Levanta la clava, déjala caer sobre el hombro, extiende el brazo en toda su longitud, pasa la clava en un barrido completo por delante del cuerpo y tan lejos como sea posible por detrás, luego invierte el movimiento, llevando la clava a la posición inicial antes de repetirlo.

El movimiento sobre la cabeza debe hacerse principalmente con la muñeca.

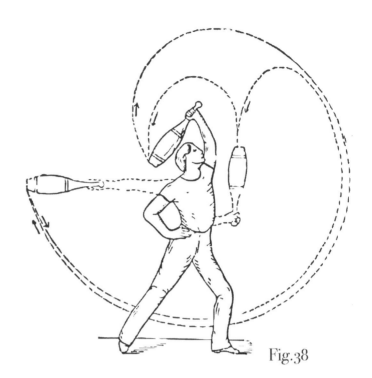

Fig. 38

DIO LEWIS

Diocletian Lewis (1823-1886), fue un famoso promotor de la Educación Física en los Estados Unidos. Además, practicaba la homeopatía y fue un prominente líder de la "Templanza" (Temperance Movement), un movimiento social que predicaba en contra del consumo de bebidas alcohólicas.

Su más importante aporte al campo de la Educación Física, fue el desarrollo de su sistema "La Nueva Gimnasia". Este sistema de ejercicios de estiramientos, coordinación y desarrollo de la fuerza, basado en la "Gimnasia Alemana", fue introducido en escuelas rurales con gran éxito y eventualmente, fundó su propia escuela: el Instituto Normal de Educación Física, en 1861. Allí, se enseñaba Anatomía, Fisiología, Higiene y su "Nueva Gimnasia".

En su libro "La Nueva Gimnasia para Hombres, Mujeres y Niños", Dio Lewis propone ejercicios con pelotas y aros para desarrollar la coordinación óculo-motora, el uso del bastón para la movilidad articular, mancuernas livianas para el desarrollo de la fuerza y la flexibilidad y las clavas para la coordinación de las extremidades. Además, propone juegos y ejercicios en parejas mixtas y en equipos, algo novedoso para la época. La inclusión de elementos lúdicos y la participación de ambos sexos en la actividad física dentro del contexto escolar, fueron en gran medida, las razones del éxito y aceptación de su sistema por parte de los jóvenes de esa época.

Detrás del sistema de Lewis, existía una agenda ideológica a favor de la igualdad de derechos para las mujeres. Su influencia fue fundamental para la promoción del deporte femenino en las escuelas y del desuso del corset y demás prendas restrictivas en la vestimenta.

TERCER EJERCICIO. Fig. 39

Este ejercicio para dos clavas, es similar al anterior. Levanta las clavas desde la posición inicial, dejándolas caer por detrás de la espalda doblando el brazo tanto como sea posible, luego regresa a la posición inicial, haz un círculo de brazo doblado lateral y al terminar extiende los brazos y haz un barrido completo por delante, luego lateral y sube por detrás de la espalda hasta una posición horizontal. Luego invierte el movimiento y regresa a la posición inicial.

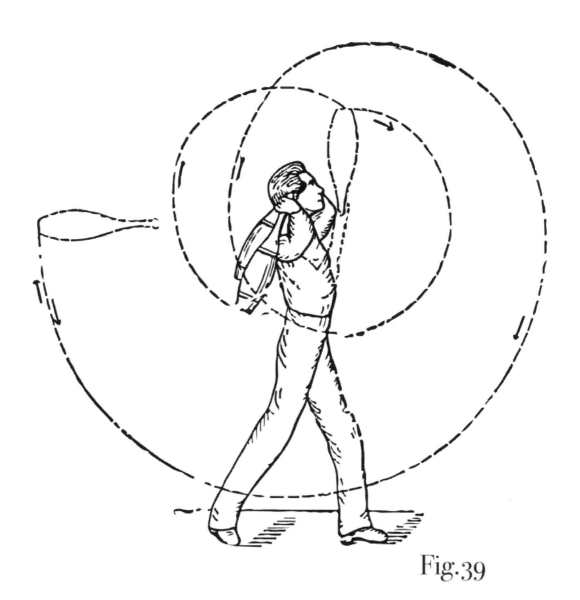

Fig. 39

EJERCICIO DE BRAZO RECTO. Fig. 40

Extiende el brazo en toda su longitud, pasa las clavas en direcciones opuestas describiendo círculos completos. Invierte el movimiento. Varia los movimientos girando ambas clavas en la misma dirección, pero en lados opuestos del círculo. Gira el cuerpo de lado a lado para contribuir al movimiento de los brazos.

Fig. 40

FABRICA TU PROPIA CLAVA 5
Clava media y grande de pvc

LISTA DE COMPRAS - MEDIA

- 1 Tapón 40 Mm
- 1 Niple 40 Mm (largo a elección)
- 1 Reducción de 50 a 40 Mm
- 1 Niple de 50 (corto)
- 1 Reducción de 63 a 40 Mm
- 1 Niple de 63 (largo a elección)
- 1 Tapón de 63 Mm

LISTA DE COMPRAS - GRANDE

- 1 Tapa de 63 Mm
- 1 Niple de 63 Mm (largo a elección).
- 1 Reducción de 63 a 50 Mm
- 1 Niple de 50 Mm (largo a elección)

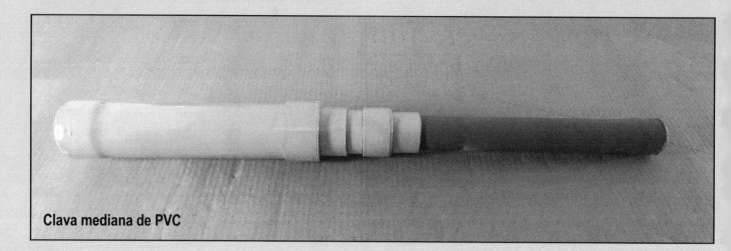

Clava mediana de PVC

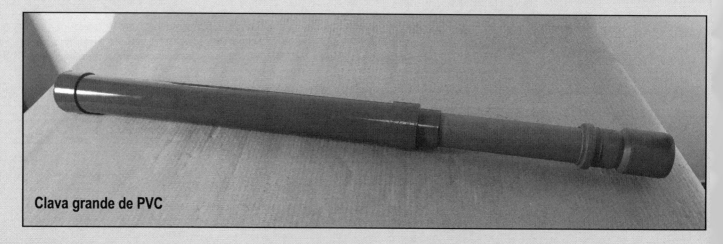

Clava grande de PVC

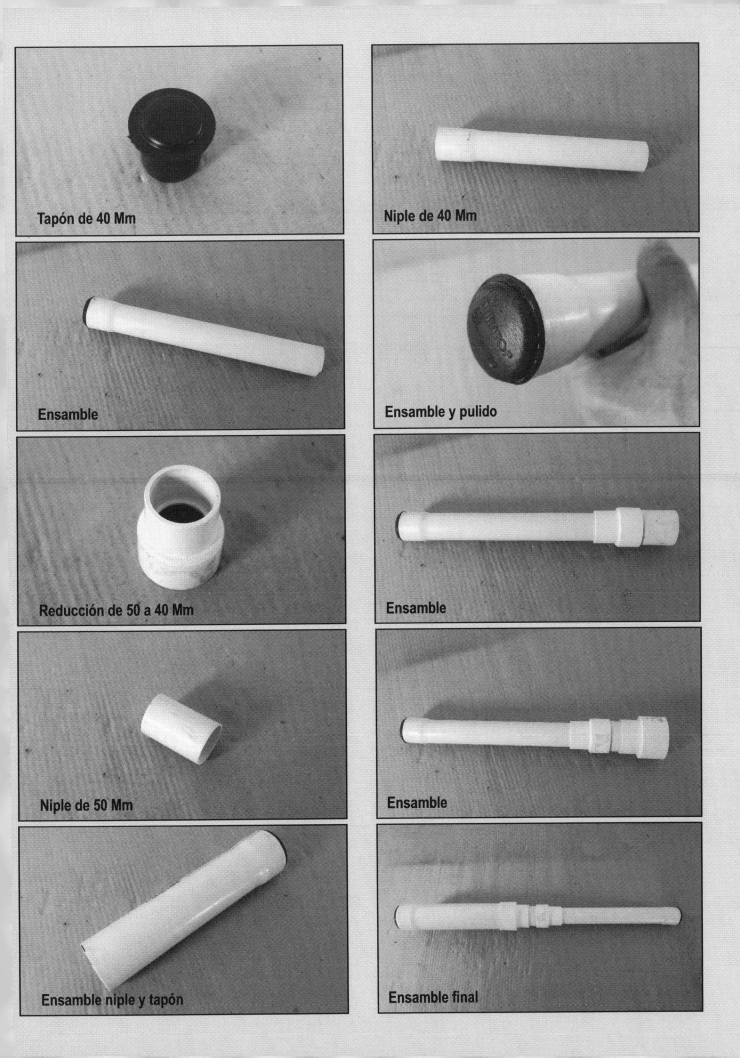

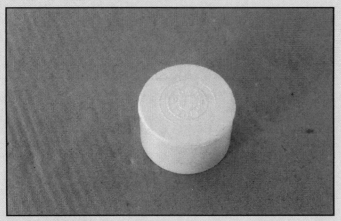
Tapa de 63 Mm

Niple de 63 Mm

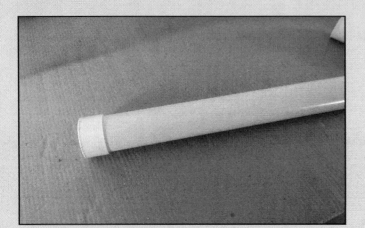
Ensamble niple y tapa

Reducción de 63 a 50 Mm

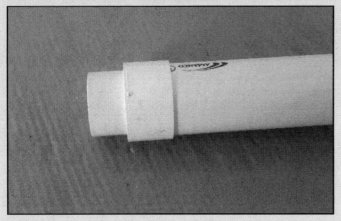
Ensamble

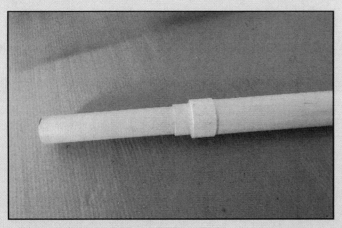
Niple de 50 Mm

Ensamble final

Spalding's Athletic Library

Scientific Physical Training

****

INDIAN CLUB EXERCISES

****

By EDWARD B. WARMAN

CHICAGO

PUBLISHED BY THE
AMERICAN SPORTS PUBLISHING CO.
16 and 18 Park Place, New York

Entered at the New York Post Office, N. Y., as Second Class Matter

CAPITULO VI - MUY LIVIANAS

EDWARD B. WARMAN
EJERCICIOS CON CLAVAS INDIAS. CHICAGO. 1889.

Agarra la clava con firmeza y facilidad, el dedo meñique apoyado en el pomo. Estos ejercicios están destinados al desarrollo físico y no tienen como propósito realizar "movimientos de fantasía" o "de serpiente" — son muy buenos para el propósito para el que fueron diseñados - es aconsejable y necesario que el pomo de la clava nunca se deslice hacia el pulgar y el índice; el pulgar tampoco debe extenderse hacia arriba por el mango de la clava. Coloca el brazo libre a un lado, con el dorso de los dedos apoyados con gracia contra el costado del cuerpo. No permitas que la clava se tambalee. Cuando se haga un movimiento que requiera que el brazo se extienda, usa la clava firmemente, pero con mucha gracia como si fuera parte de esa extensión. Imagina que estás parado entre círculos perfectos en ángulos rectos entre sí, grandes y pequeños a cada lado; grandes adelante y pequeños atrás. Las clavas deben seguir estas líneas perfectamente en todos los pequeños círculos y movimientos.

Siéntete libre de practicar con una clava hasta que se dominen todos los movimientos sencillos; los movimientos dobles se lograrán más fácilmente, ya que son combinaciones de los sencillos.

Practica cada movimiento por separado, como se muestra en la ilustración del mismo. Aprende el nombre de cada movimiento, y será útil, en la medida en que sea sugerente.

No seas ambicioso con el uso de clavas pesadas. La práctica juiciosa tomada regularmente con un par de clavas ligeras será más beneficiosa que la espasmódica o el exceso de trabajo con clavas pesadas. Mantente firme, pero no rígido. Coloca los pies en una posición tan elegante y cómoda como la naturaleza del movimiento lo permita. No toques los talones, ni los separes demasiado, cuando estés de frente a un público.

TAMAÑO DE LAS CLAVAS

He observado que, por regla general, una dama de fuerza promedio puede usar con facilidad una clava de 1,36 kg (tres libras); un caballero una clava de 2,26 kg (cinco libras). Estas son suficientemente pesadas para los principiantes, especialmente cuando se ejecuta todo mi sistema de ejercicios, haciendo cada movimiento tres veces.

Una clava demasiado ligera es tan desagradable como una demasiado pesada, pero en diferente grado.

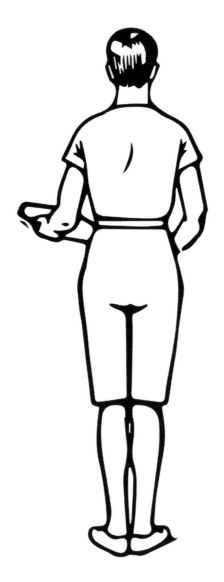

Position

Coloca la clava en las manos, como se muestra en POSICIÓN (position). Lanza la clava un poco más alto de la cabeza, colocando la mano izquierda contra el costado del cuerpo, el dorso de los dedos tocando el cuerpo. Pasa la mano derecha por detrás de la cabeza por el lado derecho, y permite que la clava caiga y forme un pequeño círculo completo por detrás de la cabeza, algo que yo llamo el pequeño movimiento hacia adentro. Realiza luego un movimiento completo del brazo por el frente hacia el lado izquierdo, llevándolo hacia arriba a la derecha para hacer dos pequeños movimientos hacia adentro, etcétera, formando así la Fig. I.

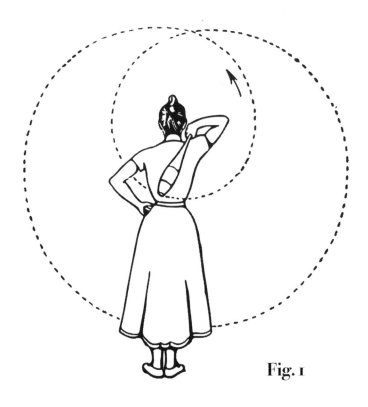

Fig. 1

CAMBIO - Deteniendo la clava, justo al realizar el movimiento arriba en el lado derecho, un poco por encima del hombro, invierte el movimiento.

HACIA AFUERA - DERECHA
1. Círculo pequeño hacia afuera - Movimiento por delante.
2. "   "   "   "   "
3. "   "   "   "   "

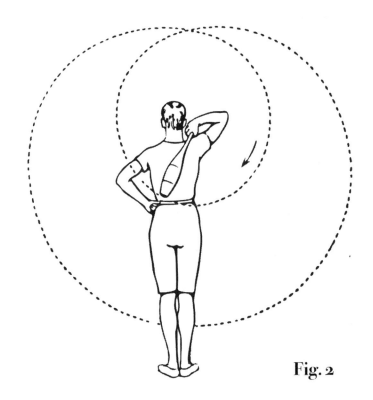

Fig. 2

CAMBIO - Pasando la clava a la mano izquierda justo en la tercera vez que se hace el movimiento arriba hacia el lado izquierdo. Cuando esté un poco por encima del hombro, déjalo caer en un pequeño círculo hacia afuera.

HACIA AFUERA - IZQUIERDA
1. Círculo pequeño hacia afuera — Movimiento por delante.
2. "   "   "   "   "   "
3. "   "   "   "   "   "

Fig. 3

CAMBIO: Omitiendo el tercer movimiento hacia afuera, se deja caer la clava por delante de la cara, luego se hace un movimiento completo hacia adentro, se levanta la clava por el lado izquierdo y se hace un pequeño círculo hacia adentro.

HACIA ADENTRO - IZQUIERDA
1. Círculo pequeño hacia adentro - Movimiento por delante.
2. "   "   "   "   "
3. "   "   "   "   "

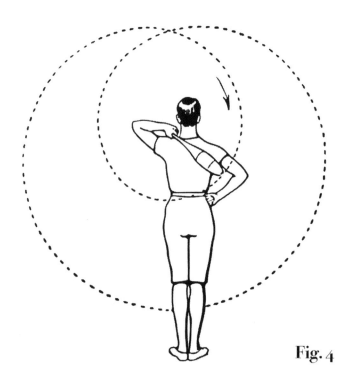

Fig. 4

CAMBIO - Deteniendo la clava cuando se hace el movimiento por el lado izquierdo la tercera vez, se equilibra en la posición I, como se muestra en la ilustración. Déjalo caer como si fueras a hacer un círculo completo, pero en vez de hacerlo, detenlo en la posición 2, y déjalo caer frente a tu cara.

EQUILIBRIO-CAIDA. IZQUIERDA
Se equilibra en I – Se equilibra en 2 - Caída por delante de la cara.
"   "   "   "   "   "
"   "   "   "   "   "

Fig.5

E. WARMAN [1847-1931].

Edward Barret Warman fue un psicólogo, orador, educador, autor y experto de la salud norteamericano. Además de editar su propia columna en el periódico "The Los Angeles Times", fue un prolífico autor, con más de una docena de libros publicados. La gran mayoría de sus obras sobre salud y ejercicio físico, forman parte de la famosa serie de publicaciones "Biblioteca Atlética de Spalding". También, escribió varios tratados sobre oratoria, técnica vocal y filosofía.

Fue parte del movimiento socio-cultural conocido como "Cristianismo Musculoso" pero al mismo tiempo, fue alumno del famoso Swami Vivekananda, quien cumpliera un rol fundamental en la introducción del Yoga y la filosofía Hindu en el mundo occidental.

Warman predicaba el hábito del ejercicio físico diario, la práctica de la respiración y la buena alimentación.

CAMBIO - Al equilibrar de nuevo en posición I, se invierte con un pequeño movimiento hacia afuera; luego se hace un barrido por delante, levantándolo con la mano derecha y deteniéndolo en la posición I por el lado derecho. Déjalo caer como para hacer un movimiento hacia afuera; pero en lugar de hacer un círculo completo, se detiene en posición 2, y luego se deja caer por delante de la cara.

EQUILIBRIO-CAIDA. DERECHA
- Se equilibra en I
- Se equilibra en 2
- Caída por delante de la cara (tres veces).

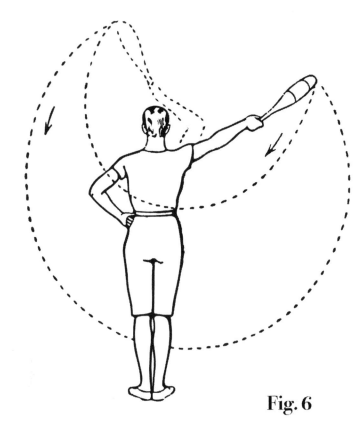

Fig. 6

CAMBIO - Al equilibrar de nuevo en posición I, se invierte con un pequeño movimiento hacia afuera; luego se hace un barrido por delante y se toma con la mano izquierda hasta la posición I, a la izquierda (como se muestra en la Fig. 5); se invierte con un pequeño movimiento hacia afuera, y se pasa de mano en mano después de cada pequeño movimiento hacia afuera.

ALTERNANDO HACIA AFUERA
Hacia afuera – Derecha - Movimiento.
Hacia afuera – Izquierda - Movimiento.
 " " " " " " "
 " " " " " " "

Fig. 7

CAMBIO - Tomando la clava de nuevo en la mano derecha como si se fuera a hacer un cuarto hacia afuera, pero en su lugar se hace un pequeño movimiento hacia adentro, pasándolo rápidamente por detrás de la cabeza a la mano izquierda, que debe estar en posición de agarrar la clava sin detener su movimiento. Se dejará caer en un pequeño círculo hacia afuera con la mano izquierda. Se realizará un movimiento hacia afuera y hacia adelante, y lo pasará de nuevo a la mano derecha.

RUEDA GRANDE - IZQUIERDA

Hacia adentro - Derecha. Hacia afuera - Izquierda.
Movimiento.
" " " " " " "
" " " " " " " Caída.

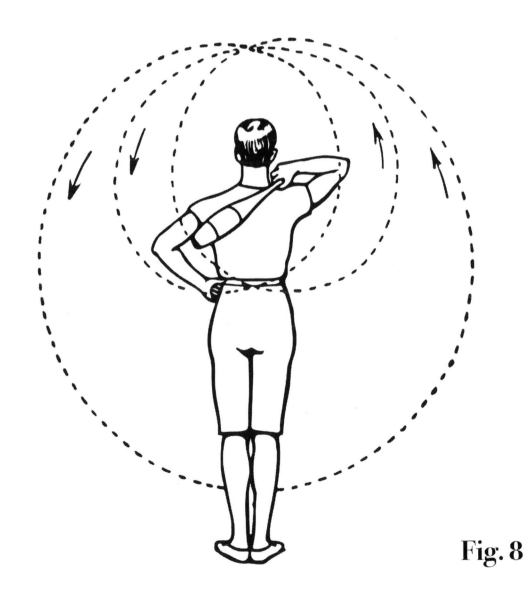

Fig. 8

CAMBIO - Omitiendo el último movimiento con la mano izquierda; se deja caer la clava por delante de la cara, se hace un movimiento completo hacia adentro, luego uno pequeño hacia adentro con la mano izquierda, invirtiendo así el movimiento.

RUEDA GRANDE - DERECHA
Hacia adentro - Izquierda.
Hacia afuera - Derecha. Movimiento.
"   "   "   "   "   "   "
"   "   "   "   "   "   Caída.

Fig. 9

CAMBIO - Omitiendo de nuevo el barrido hacia afuera con la mano derecha, se deja caer la clava por delante de la cara, haciendo un movimiento completo hacia adentro, invirtiendo así el movimiento, haciendo sólo pequeños círculos.

PEQUEÑA RUEDA - IZQUIERDA
Hacia adentro-derecha.
Hacia afuera-izquierda. Evitar movimiento.
"   "   "   "   "   "
"   "   "   "   "   Caída

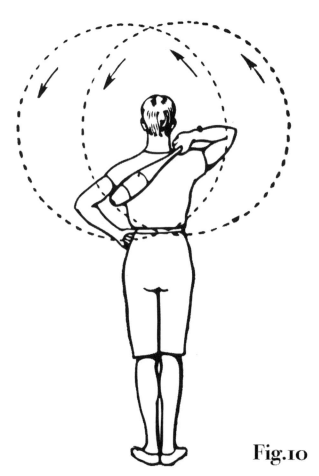

Fig. 10

CAMBIO - Dejando caer la clava por delante de la cara con la mano izquierda, se hace un barrido completo hacia la izquierda, invirtiendo así el movimiento.

Se observará que, al hacer las ruedas pequeñas, se omiten los movimientos, diferenciando así entre las ruedas grandes y las pequeñas.

PEQUEÑA RUEDA - DERECHA

Hacia adentro - Izquierda.
Hacia afuera - Derecha. Evitar movimiento.
"   "   "   "   "   "   "
"   "   "   "   Caída y Equilibrio

Fig. 11

CAMBIO - Dejando caer de nuevo la clava por delante de la cara con la derecha, se hace un movimiento completo hacia adentro; pero, cuando se sube la clava, se detiene en Posición 1, se pasa a Posición 2, y se deja caer por delante de la cara, llevándolo hacia dentro. Se mueve por delante y se detiene de nuevo en la Posición 1.

EQUILIBRIO – CAIDA HACIA ADENTRO. DERECHA.

Se equilibra en 1 – Se equilibra en 2
Caída – Hacia adentro – Movimiento.
"   "   "   "   "   "   "
"   "   "   "   Pasar por encima

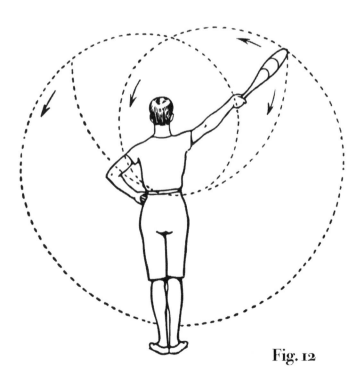

Fig. 12

CAMBIO - Pasando la clava a la mano izquierda, se hace el cambio en la parte posterior de la cabeza. Se pasa desde el último pequeño círculo hacia adentro con la mano derecha a un pequeño círculo hacia afuera con la izquierda. Se deja caer la clava por delante de la cara y se hace movimiento hasta la posición I, se deja caer por detrás de la cabeza hasta Posición 2 y luego se deja caer por delante de la cara, y se lleva hacia adentro. Se mueve por delante, y se detiene de nuevo en Posición I.

EQUILIBRIO – CAIDA
HACIA ADENTRO. IZQUIERDA.

Equilibrio en I – Equilibrio en 2
Caída - Hacia adentro - Movimiento.
"   "   "   "   "   "   "
"   "   "   "   " Pasar por encima

Fig. 13

CAMBIO - Pasando la clava a la mano derecha, se hace el cambio por la parte posterior de la cabeza, pasando de un pequeño movimiento hacia adentro por la izquierda a un pequeño movimiento hacia afuera por la derecha. Se deja caer la clava por delante de la cara y se baja hacia la derecha, pasándola directamente a la mano izquierda – se hace el cambio por detrás de la cabeza – se deja caer y se mueve adentro hacia la izquierda.

ALTERNANDO CAIDA Y HACIA ADENTRO

Caída– Movimiento-Hacia adentro- Por encima.
Caída- Movimiento- Hacia adentro- Por encima.
"   "   "   "   "   "   "
"   "   "   Gira el cuerpo a la izquierda.

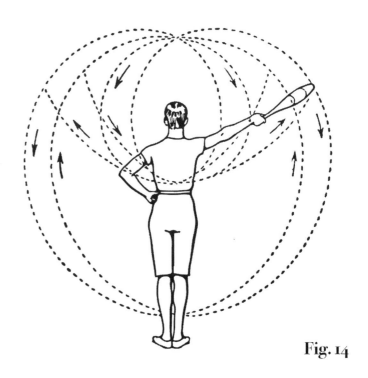

Fig. 14

CAMBIO - Girar el cuerpo hacia la izquierda justo cuando la clava está completando el último pequeño movimiento en círculo hacia adentro. Mantener el brazo doblado, y hacer un círculo de muñeca lateral. Mantener la clava con un agarre firme, no permitas que el pomo se deslice hacia los dedos pulgar e índice.

LATERAL PEQUEÑO

Pequeño círculo lateral. 1-2-3.

fig.15

CAMBIO - Con el brazo extendido hacia arriba y hacia adelante, hacer un gran círculo lateral sin doblar el brazo.

LADO GRANDE
Grandes círculos laterales. 1-2-3.

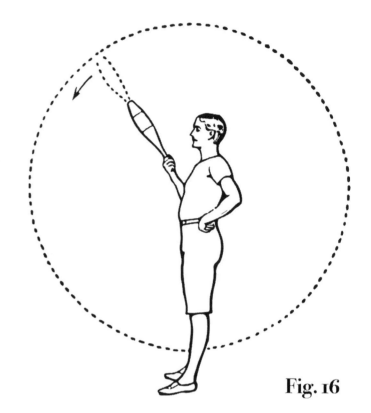

Fig. 16

CAMBIO - Detener la clava justo cuando pasa por los pies en el tercer movimiento descendente, e invertir el movimiento. Al detener, no permitas que la clava se tambalee, ni que el brazo se doble al hacer el círculo.

REVERSA
Círculo grande - Reversa. 1-2-3

Fig. 17

CAMBIO - Cuando la clava se encuentre por delante del tercer círculo y esté lo suficientemente alta, déjala caer en un movimiento pequeño lateral, seguido de un movimiento grande lateral; luego, cuando esté listo para descender como si fuera a hacer un segundo movimiento grande lateral, llévala diagonalmente al lado izquierdo con un movimiento completo, y luego de vuelta al inicio y se hace otro gran círculo lateral.

LATERAL Y DIAGONAL
Uno pequeño-grande. Diagonal-Grande.
Dos   "   "   "   "
Tres "   "   "   "

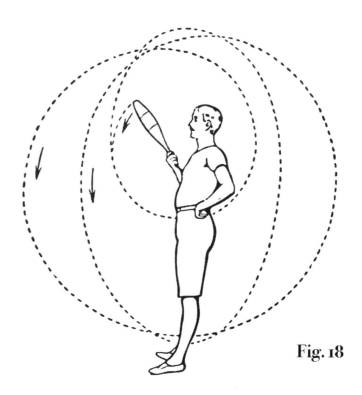

Fig. 18

CAMBIO - Al final del tercer círculo pequeño, se hace un pequeño movimiento hacia adentro y se pasa la clava a la mano izquierda, se hace el cambio en la parte posterior de la cabeza. Luego se realiza un pequeño movimiento hacia afuera con la izquierda, y cuando la clava esté vertical, se deja caer con un pequeño movimiento hacia adentro con la misma mano, y cuando la clava nuevamente esté vertical, se cambia el movimiento a un pequeño círculo lateral.

LATERAL PEQUEÑO
Pequeño círculo lateral. 1-2-3.

Fig. 19

CAMBIO - Estirando el brazo hacia arriba y hacia delante, se hace un gran círculo lateral, sin doblar el brazo.

LATERAL GRANDE
Gran círculo lateral. 1-2-3.

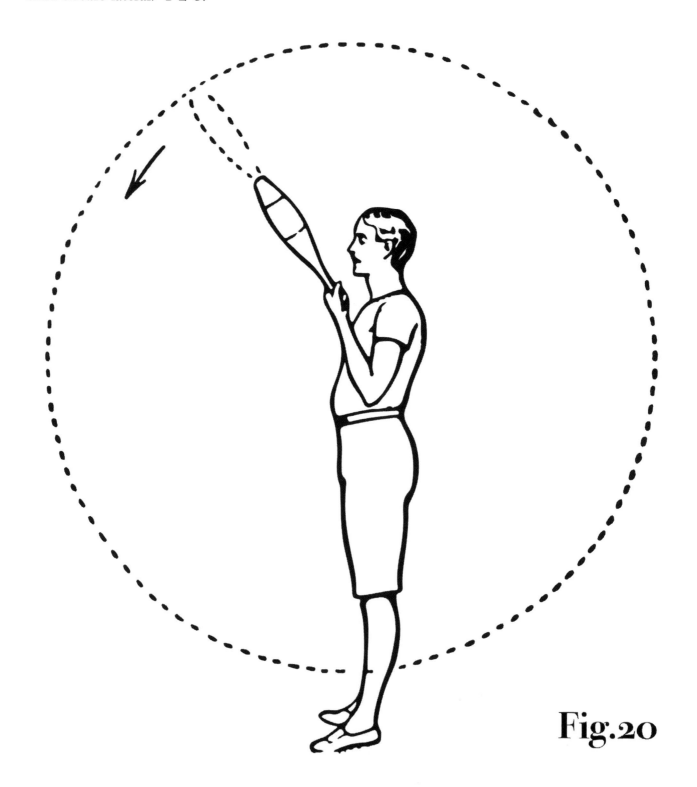

Fig. 20

CAMBIO- Se detiene la clava justo cuando pasa por los pies en el tercer movimiento hacia abajo, y se invierte el movimiento. Al detener la clava, no permitas que este se tambalee, ni que el brazo se doble al hacer el círculo.

REVERSA
Gran reversa lateral. 1-2-3.

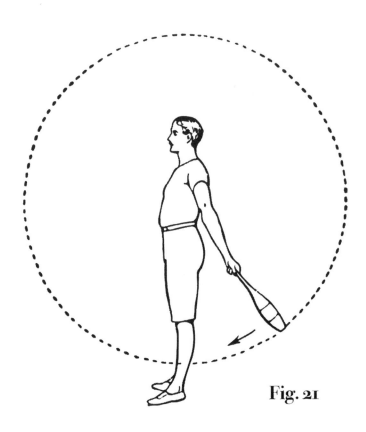

Fig. 21

CAMBIO – Cuando la clava se pasa por delante en el tercer círculo y está lo suficientemente alta, déjala caer en un movimiento lateral pequeño, seguido de uno grande; luego, cuando esté listo para descender, como para hacer un segundo movimiento lateral grande, llévala diagonalmente al lado derecho con un movimiento completo; luego vuelve al punto de partida de un movimiento lateral grande, y realiza otro círculo lateral grande.

LATERAL Y DIAGONAL.
1. Pequeño - Grande. Diagonal - Grande.
2. "   "   "   "
3. "   " y de frente.

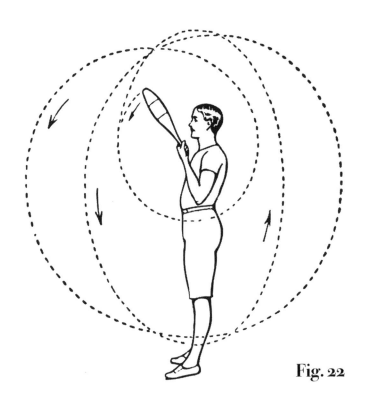

Fig. 22

CAMBIO: Extiende el brazo hasta completar el tercer círculo pequeño, como si se tratara de hacer un círculo lateral grande; entonces, justo cuando se está listo para hacer un movimiento hacia abajo, gira el cuerpo rápidamente de nuevo a la posición frontal. Desplaza la clava hacia adelante, haz un pequeño círculo con la mano izquierda, y desplázala hacia la derecha. Coloca la mano derecha como se muestra en la ilustración, y haz pequeños círculos por fuera y por dentro del brazo, manteniendo el brazo extendido tanto como sea posible, y mantén la clava tan cerca del brazo como sea posible.

CHIN-KNOCKER

Por fuera del brazo – Por dentro del brazo (tres veces cada uno). Movimiento hacia la mano izquierda.

Fig. 23

CAMBIO - Hacer un barrido con la clava hacia la mano izquierda y hacer un pequeño movimiento hacia afuera con la izquierda. Coloca la mano, como se muestra en la ilustración, y realiza pequeños círculos por fuera y por dentro del brazo, manteniendo el brazo extendido tanto como sea posible; también mantén la clava moviéndose tan cerca del brazo como sea posible. No permitas que el pomo de la clava se deslice hacia el pulgar y el índice.

CHIN-KNOCKER

Por fuera del brazo – Por dentro del brazo (tres veces cada uno). Movimiento hacia la mano derecha.

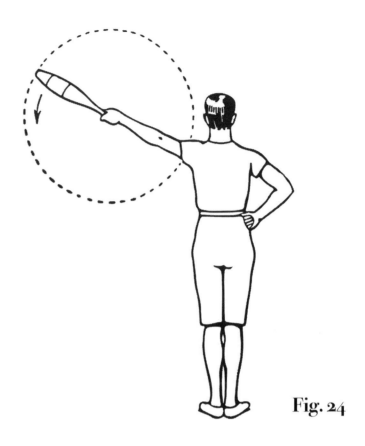

Fig. 24

CAMBIO - Con pequeños movimientos hacia afuera y haciendo un barrido con la mano izquierda, lleva la clava al lado derecho con la mano derecha, hasta que la mano esté recta con el hombro, como se ve en la ilustración. Sujeta la clava firmemente en posición vertical. Sin levantar, bajar o doblar el brazo en lo más mínimo, coloca la clava sobre el brazo, luego levántalo y extiéndelo hasta que esté perfectamente recto. Durante todo este ejercicio el brazo no debe moverse ni doblarse.

LA PALANCA

En posición vertical - sobre el brazo-. Recto.
" " " " " "
" " " " y tirar hacia afuera.

Fig. 25

CAMBIAR - Tira la clava en un movimiento pequeño hacia afuera y realiza un barrido hacia la mano izquierda; se detiene la mano tan pronto como se encuentra a la altura del hombro, y se coloca la clava en posición vertical. Coloca la clava sobre el brazo sin doblar el brazo. Levanta la clava sin mover el brazo y extiéndelo hasta que esté perfectamente recto, como se muestra en la ilustración.

LA PALANCA
En posición vertical - sobre el brazo - Recto.
"   "   "   "   "   "
"   "   "   "   y tirar hacia afuera.

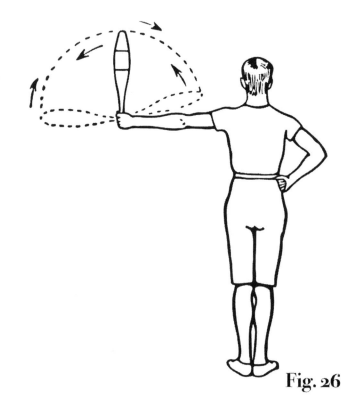

Fig. 26

CAMBIO - Lanza la clava con un movimiento pequeño hacia afuera. No hagas un barrido, pero cuando la clava complete un pequeño círculo, reviértelo a un pequeño movimiento hacia adentro. Luego, cuando la clava está en posición vertical, realiza un pequeño círculo lateral, y cuando la clava esté de nuevo en posición vertical, haz un pequeño movimiento hacia adentro, alternando así pequeños movimientos hacia adentro y pequeños movimientos laterales.

HACIA ADENTRO Y LATERAL
Pequeño movimiento hacia adentro
Lateral pequeño.
"   "   "   "   "   "
"   "   "   y por encima a la derecha.

Fig. 27

CAMBIO - Lanza la clava con un movimiento pequeño hacia afuera. No hagas un barrido, pero cuando la clava complete un pequeño círculo, reviértelo a un pequeño movimiento hacia adentro. Luego, cuando la clava está en posición vertical, realiza un pequeño círculo lateral, y cuando la clava esté de nuevo en posición vertical, haz un pequeño movimiento hacia adentro, alternando así pequeños movimientos hacia adentro y pequeños movimientos laterales.

HACIA ADENTRO Y LATERAL
Pequeño movimiento hacia adentro - Lateral pequeño.
" " " " " "
" " " y por encima a la derecha.

Fig. 27

CAMBIO: Pasando la clava por detrás de la cabeza a la mano derecha, realiza un pequeño movimiento hacia afuera con la mano derecha, luego inviértelo a un pequeño movimiento hacia adentro, y, al llegar a una posición vertical, cambia a un pequeño círculo lateral, y luego de vuelta a un movimiento hacia adentro; así se alternan pequeños movimientos laterales con pequeños movimientos hacia adentro.

HACIA ADENTRO Y LATERAL
Pequeño movimiento hacia adentro – Pequeño movimiento Lateral (tres veces cada uno).
" " " " " y se lanza sobre la cabeza, dejándolo caer suavemente en la mano izquierda, como se muestra en la figura I - posición. Esto le dará una elegante TERMINACIÓN.

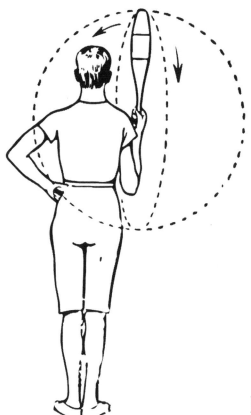

Fig. 28

DOS CLAVAS

INSTRUCCIONES GENERALES

Cuando las clavas caen paralelas en la misma dirección, deben caer simultáneamente, y durante el movimiento no deben separarse una mayor distancia de la que se tenía al iniciar el movimiento.

Con la única excepción de un movimiento de "seguimiento" (el molino de viento, Fig. 12) ambas clavas deben caer con el mismo impulso, aunque estén haciendo movimientos diferentes. La más mínima variación de esta regla destruirá la elegancia y la belleza del balanceo.

Cuando estés de frente, evita girar el cuerpo de lado excepto en la figura I. Practica ante un espejo, para que cada movimiento de la clava pueda ser visto de frente. Esto te enseñará a mirar a la audiencia, en vez de girar la cabeza y mirar las clavas. Domina tus clavas en vez de permitir que ellas te dominen a ti.

Toma la posición apuntando las dos clavas hacia la izquierda, como se muestra en la ilustración. Mantén las palmas de las manos arriba para estabilizar las clavas. Lanza ambas clavas hacia arriba y hacia afuera, moviéndolas hacia abajo por delante del cuerpo, y llevándolas hacia el lado izquierdo. Evita los ángulos. Lánzalas hacia afuera y tráelas hacia ti describiendo el arco de un círculo.

Nota - Para lanzar las clavas artísticamente – algo que no se puede hacer hasta que se hayan aprendido todos los movimientos - ver página 68.

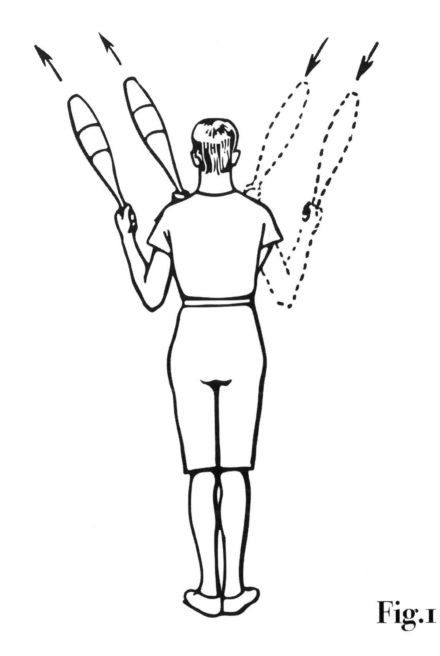

Fig. 1

APUNTAR

Apuntar a la izquierda - Movimiento. Apuntar a la derecha - Movimiento (tres veces cada uno).
"   "   "   Detener.

CAMBIO - Deteniéndose en posición y haciendo un pequeño movimiento hacia afuera con la izquierda, y un movimiento completo con la derecha; ambas clavas caen simultáneamente. La clava de la mano derecha hace una gran rotación, mientras que la de la izquierda hace una pequeña.

IZQUIERDA PEQUEÑA - DERECHA GRANDE

Rueda pequeña – mano izquierda.
Rueda grande - mano derecha.
"   "   "   "   "   "   "
"   "   "   "   "   "   "

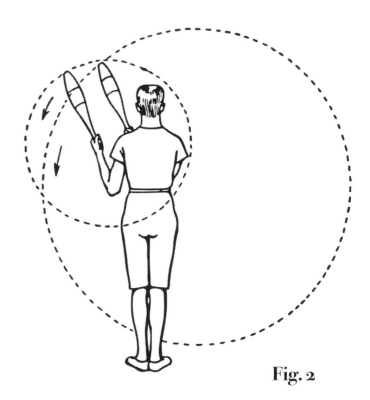

Fig. 2

RESISTENCIA CON CLAVAS

A finales del siglo 19 y comienzos del siglo 20, las competencias de ejercicios con clavas gozaron de cierta popularidad. Si bien en un comienzo se trataba más bien de "desafíos" entre strongmen y presentaciones coreográficas en clubes atléticos, con el pasar de los años se dispusieron ciertas reglas y el foco de las competencias estaban puestas en la resistencia, es decir, continuar los movimientos sin parar, durante la mayor cantidad de horas posible.

Una de las primeras competencias de las que se tiene registro, sucedió en 1866 en los Estados Unidos, impulsada por el reconocido promotor del fitness, Simon E. Kehoe. En esa oportunidad, el ganador fue Edward Russell, quien consecuentemente fue uno de los modelos utilizados para realizar las ilustraciones del famoso libro "The Indian Club Exercise".
Sin embargo, el primer personaje público reconocido por las competencias con clavas, fue el norteamericano Gus Hill. Habiendo comenzado su carrera como luchador, encontró una mejor manera de ganarse la vida, realizando exhibiciones con clavas pesadas en el famoso Circo de P.T Barnum en 1876, a la temprana edad de 15 años. Tras su éxito en el circo, comenzó a lanzar desafíos a otros strongman, una práctica típica de la época, que demostró ser efectiva para convocar una mayor audiencia.
Hill permaneció invicto, sin embargo, años más tarde se descubrió que sus clavas "pesadas" eran en realidad huecas y podían ser cargadas y descargadas de forma encubierta durante las exhibiciones. De todas formas, este hecho no significa que Gus Hill fuese un completo fraude. Este tipo de prácticas eran de lo más natural en el mundo del espectáculo y el circo de esa época. Si bien afirmar que podía realizar ejercicios con clavas de 70 kilos es claramente una exageración, no hay dudas que Hill era un experto con las clavas.

Previo a la década de 1880, no existían reglas estandarizadas acerca de estas competencias. En algunos casos se enfocaban en quien podía hacer la mayor cantidad de combinaciones posibles sin repetir, otras quien lo hacía con mayor gracia y eficiencia técnica y también, quien podía hacerlo con la clavas más pesadas, durante la mayor cantidad de tiempo posible.

Para 1890, las competencias de resistencia con clavas eran la modalidad preferida. El foco no estaba puesto en el peso (las clavas utilizadas no llegaban a los 2 kg de peso), sino en la cantidad de tiempo que los atletas podían continuar ejercitándose sin parar. De esta manera, la calidad técnica, la eficiencia en el movimiento y sobre todo la fuerza de voluntad eran la clave.

La persona que sin lugar a dudas, dominó este tipo de competencias fue el australiano, Tom Burrows. En 1895, Burrows marcó el primer récord de 24 hs seguidas, en Aldershot, Inglaterra. Estas peculiares competencias llevaron a Burrows a presentarse en países como Sudáfrica, Canadá y Egipto. Allí, en algunos casos, otros competidores sobrepasaron sus récords, pero a los pocos días, Burrows volvía a recuperarlo. De esta manera, consiguió el récord de 72 horas, llegando eventualmente a alcanzar las 107 horas, en 1913.

Debemos mencionar que estas competencias de resistencia, que duraban varios días, enfrentaban a los deportistas a serios desafíos fisiológicos. Los competidores eran alimentados e hidratados por un entrenador (al tiempo que continuaban con los ejercicios), solían estar acompañados por una orquesta o un pianista que musicalizaba el evento y se alentaba a la gente a entrar durante el día y la noche a presenciar parte de la competencia y dar ánimo a los participantes. Incluso, había un comité de jueces que inspeccionaba y certificaba la veracidad de los récords.

A causa de la privación del sueño, estas singulares competencias terminaban siendo tanto mentales como físicas. De hecho, está comprobado que después de varios días sin dormir, ciertas áreas del cerebro humano se inhiben completamente, causando alucinaciones. En una entrevista, Tom Burrows recuerda tener la impresión de que todos los miembros de la audiencia se encontraban haciendo ejercicios con clavas junto a él. En otra ocasión, se quedó dormido en medio de la competencia y fue atajado por su esposa antes de caer al suelo. Incluso, el día que alcanzó el récord de 107 horas, primero tuvo un sorpresivo episodio de ira contra su entrenador, justo antes de caer desmayado. Al día siguiente, Burrows no recordaba el episodio ni podía afirmar cuántos días habían pasado desde el comienzo del evento.

Desde el punto de vista del desarrollo de la fuerza estas competencias no tienen ningún sentido y de hecho, deben ser perjudiciales para la salud. Sin embargo, forman parte de la historia de esta herramienta y por su peculiaridad, resulta pertinente incluirlas en este libro.

En 1913, Gus Hill y Tom Burrows, publicaron su famoso libro "Club Swinging", donde explican las técnicas y reglas utilizadas para las competencias de resistencia.

Otros famosos campeones en esta modalidad fueron Thomas Bax, Miss Victoria Seddon, Stevens, Harry Lawson y Martin Dobrilla.

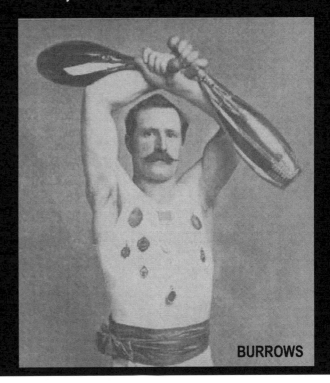
BURROWS

CAMBIO – Hacer un movimiento con las dos clavas por delante, levantarlas por el lado derecho, y detenerlas en posición apuntando hacia la derecha. Hacer un pequeño movimiento hacia afuera con la mano derecha, y un movimiento completo con la izquierda, ambas clavas caen de manera simultánea.

PEQUEÑA DERECHA. GRANDE IZQUIERDA

Rueda pequeña - mano derecha. Rueda grande - mano izquierda.
"   "   "   "   "   "   "
"   "   "   "   "   "   "

Fig. 3

CAMBIO – Hacer un barrido con las clavas hacia el lado izquierdo y detenerlas un segundo, haciendo un pequeño movimiento hacia afuera con la izquierda y un movimiento completo con la derecha. Pásalas ambas al lado derecho y detente sólo lo suficiente para hacer un pequeño movimiento hacia afuera con la derecha y un movimiento completo con la izquierda, alternando así el movimiento de lado a lado.

ALTERNAR

Pequeña izquierda - grande derecha - Movimiento.
Pequeña derecha - grande izquierda - Movimiento.
"   "   "   "   "   "   "
"   "   "   "   "   "   "

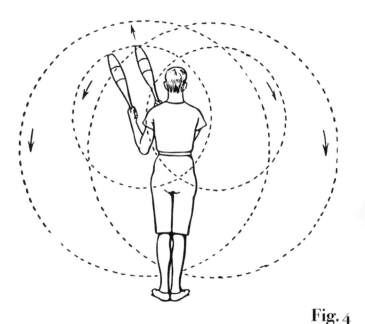

Fig. 4

CAMBIO - Mover las clavas hacia atrás al lado izquierdo y detener la clava en la mano izquierda en posición 1; pero pasando la clava derecha por delante de la cara y empujándola hacia atrás de la cabeza, dejándola caer como si se fuera a hacer un movimiento hacia adentro. En lugar de hacer un pequeño círculo, empújala hacia la derecha, como se muestra en la ilustración. Mientras la clava derecha cae detrás de la cabeza, la clava izquierda pasa por delante hacia el lado derecho. Las clavas ahora cambian de posición - la clava izquierda se empuja hacia atrás de la cabeza, y la clava derecha se mueve hacia delante.

Fig. 5

CAÍDA HACIA ATRÁS
Caída hacia atrás – Derecha - Empujar. Caída hacia atrás – Izquierda - Empujar. (Tres veces cada una).

CAMBIAR - Detener la clava izquierda en posición 1; balancearla en posición 2; y dejarla caer por delante de la cara. Mientras se hace esto, la clava derecha se mueve hacia atrás en el círculo por delante, y se detiene en posición 1 en el lado derecho, luego en posición 2, y cae por delante de la cara, haciendo así el equilibrio regular y la caída con cada mano.

CAÍDA POR DELANTE
Equilibrio y caída - Izquierda.
Equilibrio y caída - Derecha.
" " " " " " "
" " " " " " "

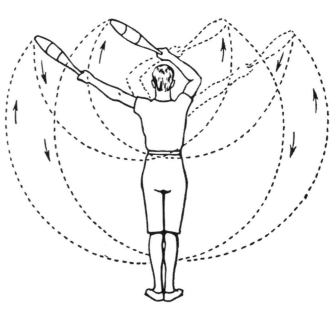

Fig. 6

CAMBIO - Detener las clavas por un segundo cuando están en el lado izquierdo. Girar la clava izquierda hacia afuera, mientras que la clava derecha pasa hacia abajo por delante y se mueve hacia arriba por el lado derecho, se hace un pequeño movimiento hacia adentro y se empuja como en la caída hacia atrás. Luego se desplaza hacia abajo por delante y se empuja hacia atrás de la cabeza, haciendo una caída hacia atrás y empujando, mientras que con la clava izquierda se hace un movimiento hacia afuera.

HACIA AFUERA A LA IZQUIERDA – CAÍDA HACIA ATRÁS.

Hacia afuera a la izquierda - Movimiento. Caída hacia la izquierda y empuje - Derecha.
(Tres veces cada uno).

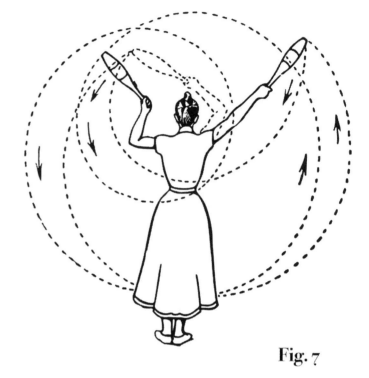

Fig. 7

CAMBIO - Convertir el empujón hacia atrás y caída de la clava derecha, en un movimiento hacia afuera y barrido. Cuando la clava es empujada a la derecha por tercera vez, en lugar de dejarla caer por delante, se convierte inmediatamente en un movimiento hacia afuera. La clava izquierda no hace ningún cambio, pero continúa haciendo el movimiento hacia afuera y barrido.

ALTERNANDO HACIA AFUERA

Hacia afuera a la izquierda – Barrido.
Hacia afuera a la derecha – Barrido.
"   "   "   "   "   "   "
"   "   "   "   "   "   "

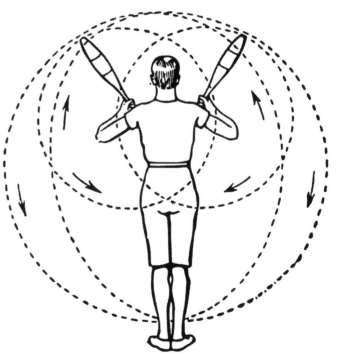

Fig. 8

CAMBIO - Detener ambas clavas por un segundo, mientras la clava derecha se acerca al tercer movimiento pequeño hacia afuera. Se realiza la reversa a un pequeño movimiento interior, seguido de un movimiento completo. La clava izquierda también invierte su movimiento, haciendo un barrido, seguido de un pequeño movimiento hacia adentro. Con una clava se hace un movimiento hacia adentro mientras que con la otra se hace un barrido.

ALTERNANDO HACIA ADENTRO

Hacia adentro a la derecha – Barrido
Hacia adentro a la izquierda – Barrido
"   "   "   "   "   "   "
"   "   "   "   "   "   "

Ambas clavas laterales a la izquierda.

Fig. 9

CAMBIO - Hacer un pequeño movimiento hacia afuera a la izquierda, y un movimiento completo con la derecha; es decir, lo que se conoce como izquierda pequeña, derecha grande. Mover ambas clavas por delante al mismo tiempo, y llevarlas hacia arriba por el lado derecho, y hacer un movimiento hacia arriba, por encima y detrás de la cabeza, haciendo pequeños círculos, ambas clavas paralelas.

PEQUEÑOS CÍRCULOS PARTE POSTERIOR.

Un pequeño círculo - Movimiento. Dos pequeños círculos - Movimiento. Tres pequeños círculos- Cambiar.

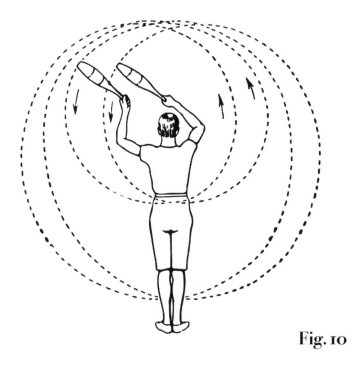

Fig. 10

CAMBIO - Hacer un círculo pequeño extra con la mano izquierda mientras que con la derecha se hace un movimiento por delante. La mano derecha va hacia atrás con un pequeño movimiento hacia adentro, mientras que la izquierda hace un movimiento por delante. Cuando el pequeño movimiento hacia adentro termina con la mano derecha, la izquierda estará en su lugar para un pequeño movimiento hacia afuera. Las clavas ahora se unen, y hacen otro doble círculo detrás de la cabeza.

IZQUIERDA-DERECHA-AMBOS

Pequeña izquierda - Movimiento. Pequeña derecha - Movimiento. Pequeño - Ambos.
"   "   "   2"   Pequeño - Ambos.
"   "   "   3"   Pequeño - Ambos.

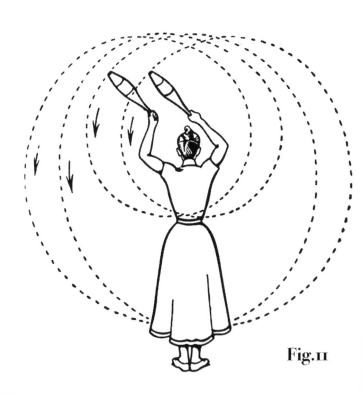

Fig. 11

CAMBIO - Empujar la clava izquierda hacia arriba y hacia fuera del hombro, mientras se acelera la derecha por delante, y se hace un movimiento completo, hasta que -sin detener ninguna de las clavas- la derecha está exactamente opuesta a la izquierda, justo después de que la derecha pasa por los pies -ambos brazos extendidos. Las clavas deben ahora seguir una a la otra, pero ninguna de ellas debe alcanzar a la otra. La mano derecha hace un movimiento hacia adentro y un barrido, mientras que la izquierda la sigue con un barrido y movimiento hacia afuera.

EL MOLINO DE VIENTO
Hacia adentro a la derecha.
Hacia afuera a la izquierda – Barrido - Barrido.
"   "   "   "   "   "   "
"   "   "   Omitir el barrido.

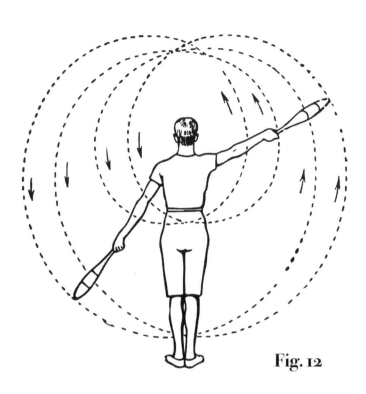
Fig. 12

CAMBIAR- Frenar la izquierda hasta que la derecha la atrape. Mover ambas clavas por delante y luego por detrás de la cabeza. Continúa los pequeños círculos hacia adentro con la mano derecha, pero cambia la posición de la izquierda un poco hacia adelante, haciendo pequeños círculos laterales. Ambas clavas deben caer y elevarse al mismo tiempo, cada una cruzando la ruta de la otra.

LATERAL ADENTRO E IZQUIERDA.
Pequeño movimiento Lateral - Izquierda.
Pequeño movimiento hacia adentro- Derecha (tres veces cada uno).

Fig. 13

CAMBIO - Cambiar rápidamente las clavas hacia el lado derecho, haciendo un pequeño movimiento hacia adentro con la izquierda y un pequeño movimiento lateral con la derecha.

LATERAL Y HACIA ADENTRO - DERECHA

Movimiento lateral pequeño - Derecha.
Movimiento pequeño hacia adentro - Izquierda.
"   "   "   "   "   "   "
"   "   "   "   "   "   "

Fig. 14

CAMBIO - Mover las clavas hacia atrás al lado izquierdo, y luego hacia atrás al derecho, continuando el mismo movimiento, pero alternando de lado a lado.

ALTERNAR

Lateral y hacia adentro - Izquierda. Lateral y hacia adentro - Derecha.
"   "   "   "   "   "   "
"   "   "   "   "   "   "

Fig. 15

CAMBIO - Llevar las clavas a un equilibrio perpendicular a cada lado de la cabeza. Realiza un pequeño movimiento hacia adentro con la derecha, luego un pequeño movimiento hacia adentro con la izquierda, otra vez con la derecha y otra vez con la izquierda. Efectúa un movimiento con la derecha por delante de la cara, luego la izquierda, y levántalas para repetir los pequeños movimientos hacia adentro con cada una.

DERECHA-IZQUIERDA-DERECHA-BARRIDO-BARRIDO

Hacia adentro derecha-hacia adentro izquierda-hacia adentro derecha- hacia adentro izquierda-barrido-barrido.
" " " " " " "
" " " Omitir Barrido

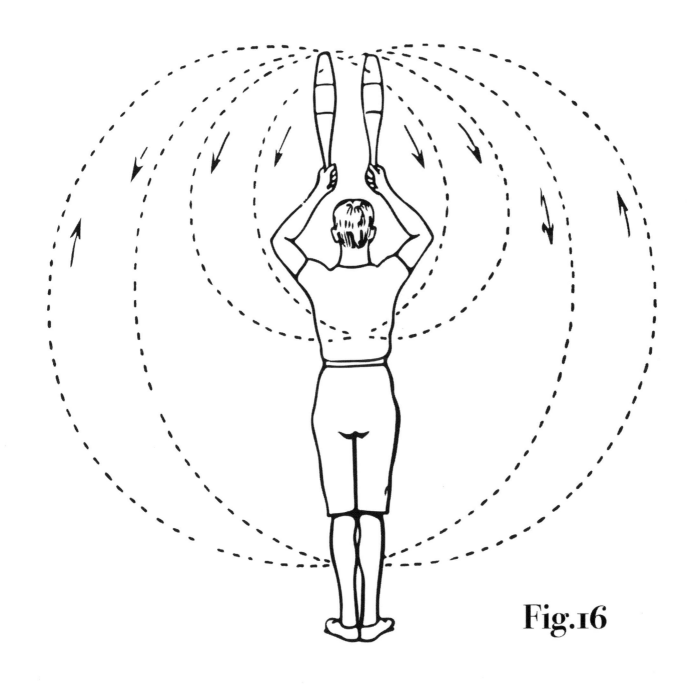

Fig.16

CAMBIO - Omitir el barrido la tercera vez. Al finalizar los pequeños círculos, llevar las clavas de nuevo a un equilibrio perpendicular a cada lado de la cabeza, y hacer pequeños círculos laterales; ambas clavas caen y suben simultáneamente.

MOVIMIENTOS LATERALES PEQUEÑOS

Lateral pequeño - Derecha. Lateral pequeño - Izquierda. Juntos.
"   "   "   "   "   "   "
"   "   "   "   "   "   "

Fig. 17

CAMBIO - Llevar las clavas de nuevo a un equilibrio perpendicular a cada lado de la cabeza. Hacer pequeños movimientos hacia adentro con cada mano al mismo tiempo que las clavas se cruzan entre sí en las empuñaduras.

PEQUEÑOS MOVIMIENTOS HACIA ADENTRO

Pequeño movimiento hacia adentro - Derecha. Pequeño movimiento hacia adentro - Izquierda. Juntos
"   "   "   "   "   "   "
"   "   "   "   "   "   "

Fig. 18

CAMBIO - Mover ambas clavas por delante de la cara al mismo tiempo, cruzándolas por encima y por debajo en el círculo. Mantener los brazos tan extendidos como sea posible.

MOVIMIENTOS HACIA EL INTERIOR
Movimiento hacia adentro -
Derecha Movimiento hacia adentro -
Izquierda. Juntos.
" " " " " " "
" " " " " " "

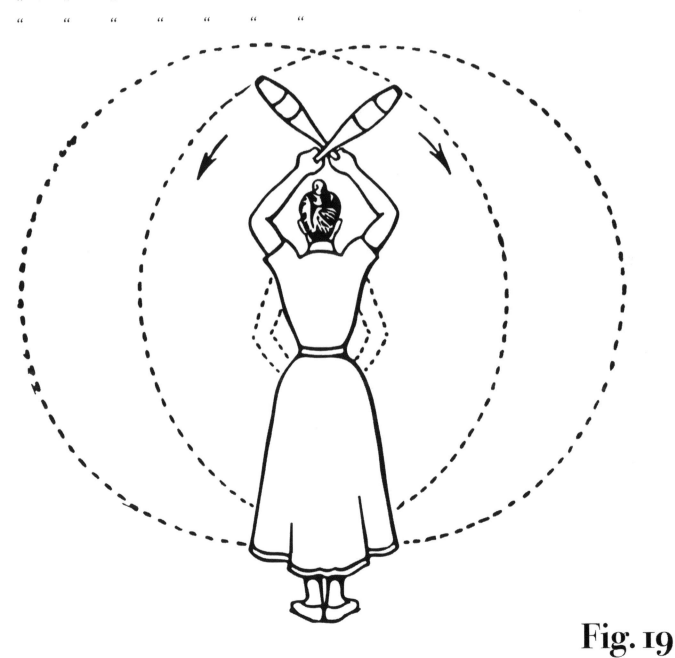

Fig. 19

CAMBIO - Llevar las clavas de nuevo a un equilibrio perpendicular a cada lado de la cabeza, y luego unir los tres últimos movimientos en uno; es decir, realizar una serie - uno de cada uno.

LATERAL – HACIA ADENTRO - MOVIMIENTO.

Laterales pequeños – Movimientos pequeños hacia adentro - Movimiento.
" " " " " " "

" " " Cambiar

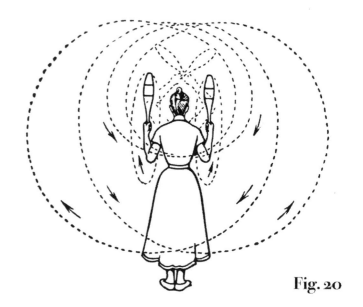

Fig. 20

CAMBIO - Llevar las clavas de nuevo a un equilibrio perpendicular, y girarlas en pequeños círculos hacia la izquierda, como se muestra en la posición de las clavas en la Fig. 10. Luego gira el cuerpo rápidamente hacia la izquierda - sin mover el pie izquierdo. Realiza pequeños círculos laterales una vez. Lleva las clavas juntas hacia arriba por el lado derecho. Gira el cuerpo hacia la derecha, sin mover el pie derecho, y realiza pequeños círculos laterales una vez. Lleva las clavas hacia el lado izquierdo y repite. Ambas clavas deben caer juntas, sólo una debe ser visible para cualquiera que esté sentado del otro lado.

LATERAL PEQUEÑO - IZQUIERDA Y DERECHA

Lateral pequeño – Izquierda - Barrido. Lateral pequeño – Derecha - Barrido.
" " " " " " "

" " Omitir Barrido

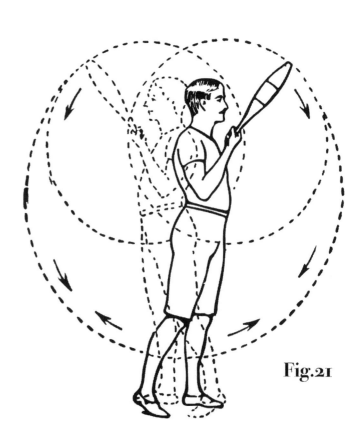

Fig. 21

CAMBIO - Detener la clava izquierda mientras apunta hacia arriba hasta que la clava derecha apunte hacia abajo. En lugar de que las clavas caigan simultáneamente, ahora caen sucesivamente, en la misma dirección.

ALTERNAR
Laterales pequeños. Abajo - Derecha. Abajo - Izquierda.
"   "   "   "   "   "   "
"   "   "   "   "   "   "

CAMBIO - Detener la clava derecha cuando apunta hacia arriba, hasta que la clava izquierda también apunte hacia arriba. Continúa con un pequeño círculo lateral hacia adelante, con la mano izquierda, pero invierte el pequeño círculo lateral con la mano derecha. De nuevo ambas clavas caen simultáneamente, aunque en direcciones opuestas.

REVERSA
Laterales pequeños. Adelante - Izquierda. Reversa - Derecha.
"   "   "   "   "   "   "
"   "   "   "   "   "   "

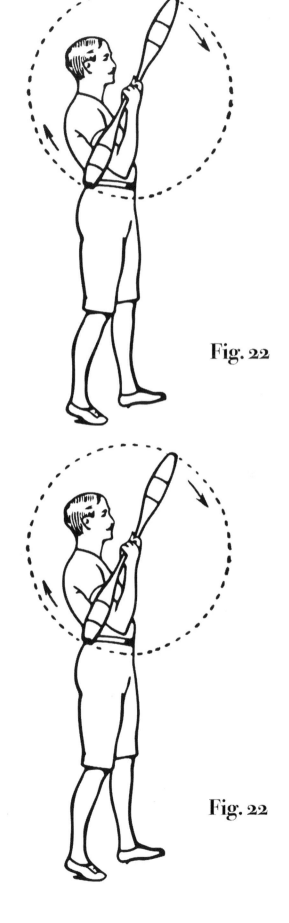

Fig. 22

Fig. 22

241

CAMBIO: Al detener las dos clavas cuando están verticales, realiza pequeños movimientos laterales y barrido hacia la izquierda. Gira el cuerpo hacia la izquierda sin mover el pie izquierdo. Realiza pequeños movimientos laterales tan pronto como las clavas suban por el lado izquierdo; luego realiza de nuevo pequeños círculos, pero pasa ambas clavas por dentro de los brazos; luego de nuevo pequeños círculos por fuera; luego empuja ambas clavas por debajo de los brazos. Luego tira las clavas hacia arriba para hacer pequeños círculos de nuevo. Ambas clavas caen adentro o afuera, según sea el caso, al mismo tiempo.

Fig. 24

DOBLE CHIN KNOCKER

Círculos pequeños – Afuera – Adentro – Afuera – Abajo. Tirar. (Tres veces cada uno.)
" " " " " " "
" " " " " " "

CAMBIAR- Mover las clavas por delante - ahora de frente. Detén la clava derecha cuando el brazo y la clava estén perfectamente horizontales. Empuja la clava izquierda por la parte posterior de la cabeza y realiza un pequeño movimiento hacia adentro, tres veces, mientras se mantienen la mano derecha y la clava perfectamente quietos. Mueve la clava izquierda por delante, realiza un equilibrio y cae, y, mientras cae, mueve la clava derecha con ella.

DERECHA HORIZONTAL

Horizontal - Derecha.
Hacia adentro 1 - Izquierda.
"   2 "
"   3 y barrer.
Equilibrio y cae - Izquierda. Barrido con ambas.

Fig. 25

CAMBIO: Movimiento de las clavas hacia el lado izquierdo, manteniendo el brazo izquierdo en posición horizontal, y pasando la clava derecha por detrás de la cabeza. Realiza tres pequeños círculos hacia adentro con la mano derecha, luego efectúa un movimiento por delante de la cara, y haz un equilibrio y una caída con la mano derecha.

IZQUIERDA HORIZONTAL

Horizontal-Izquierda. Hacia adentro 1 -Derecha.
"   2   "
"   3 y barrer.
Equilibrio y cae - Derecha.   Barrido con ambas.

Fig. 26

CAMBIO - Mover las clavas en un pequeño círculo por detrás de la cabeza, como se muestra en la posición de las clavas en la figura. 10. Gira el cuerpo firmemente hacia la izquierda, el peso debe estar en ambos pies. Realiza un pequeño círculo lateral con la mano izquierda, mientras que la derecha hace un gran círculo lateral. Luego haz un pequeño círculo lateral con la mano derecha, y un gran círculo lateral con la izquierda. Ambas clavas deben caer con el mismo impulso - Una hace un gran círculo, mientras que la otra hace uno pequeño.

SOPORTE DE HOMBRO

Izquierda pequeña - Derecha grande. Derecha pequeña - Izquierda grande.
"   "   "   "   "   "   "
"   "   "   "   "   "   cambio

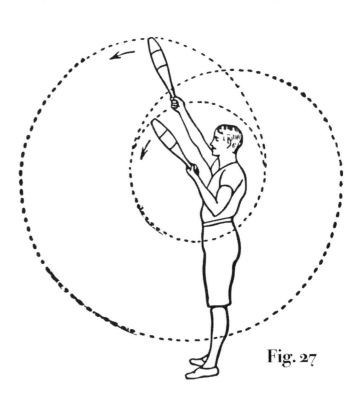

Fig. 27

CAMBIO - Detener un gran círculo lateral con la mano derecha, justo cuando la clava ha pasado a una corta distancia por detrás de los pies. Al mismo tiempo, extiende el brazo izquierdo y la clava arriba y por adelante, apuntando exactamente al lado opuesto del derecho. Desliza el pie derecho un poco hacia atrás del izquierdo, el impulso de la clava en el movimiento hacia abajo te ayudará. Con un rápido pero fuerte impulso mueve ambas clavas a la vez en direcciones opuestas - el brazo izquierdo hace un gran círculo hacia adelante, el brazo derecho un gran círculo invertido. Mantén los brazos sin doblar y cerca del cuerpo.

GRAN REVERSA
Izquierda y derecha - Opuestos (repite tres veces.)

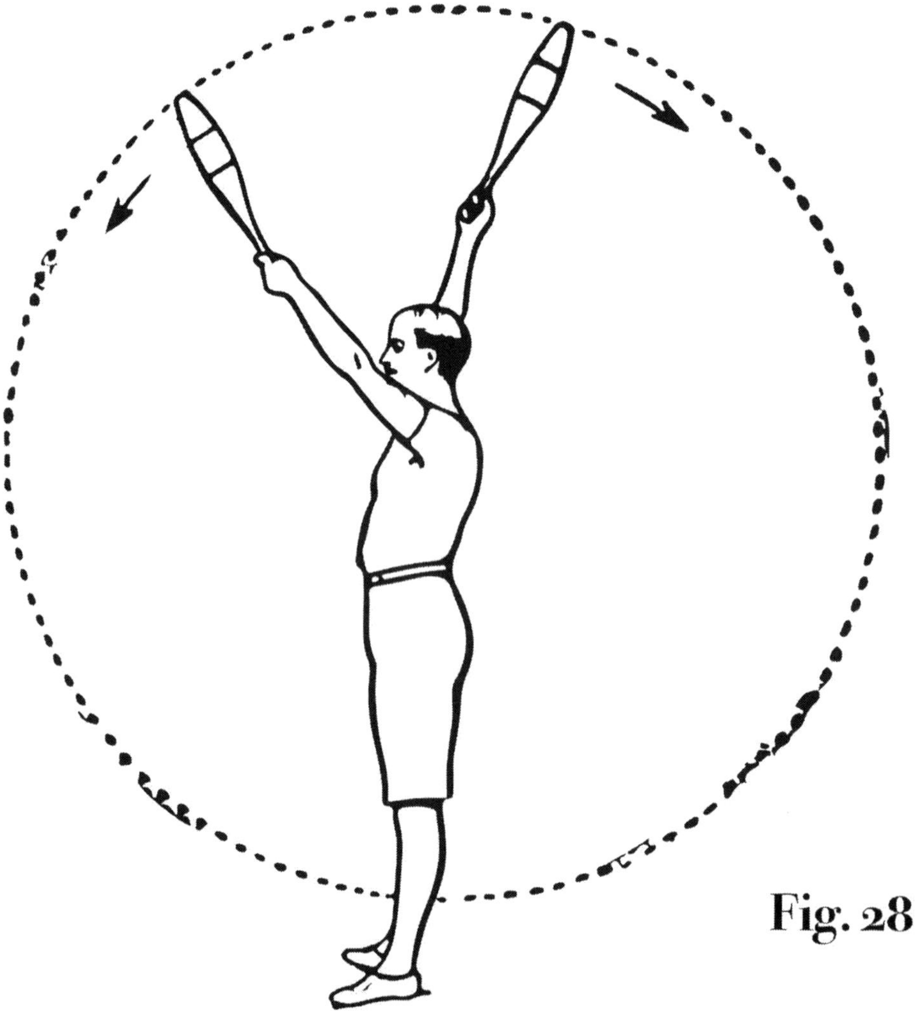

Fig. 28

CAMBIO - Interrumpir la clava derecha mientras se mueve por delante en la tercera reversa. Deja que caiga en un pequeño movimiento lateral. Detén la clava izquierda cuando pase por los pies la tercera vez, y llévala por delante con un barrido. Llegará allí a tiempo para unirse a la clava derecha mientras hace un segundo pequeño círculo lateral. Únelas (ambas haciendo un pequeño movimiento lateral), muévelas por delante (girando el cuerpo hacia adelante), y pásalas por detrás de la cabeza, haciendo pequeños círculos hacia atrás, como se muestra en la posición de las clavas en la Fig. 10. Pasa directamente al molino de viento, y añade pequeños movimientos laterales alternados (Fig. 22).

MOLINO DE VIENTO - ALTERNAR

Hacia adentro a la derecha - Hacia afuera a la izquierda – Pequeña lateral a la derecha. Pequeña lateral a la izquierda. Barrido a la izquierda. Repetir tres veces. Barrido con ambas.

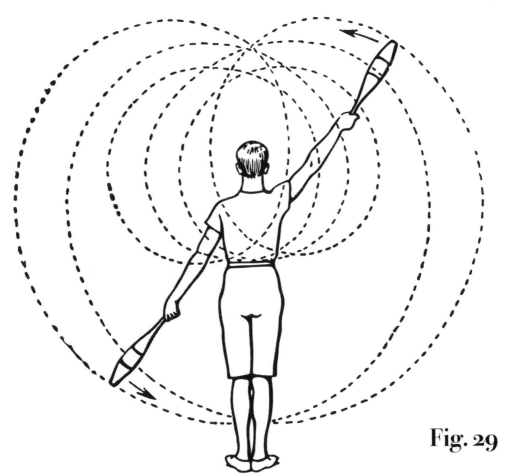

Fig. 29

EL FINAL

Detén la clava derecha al completar el tercer círculo pequeño, hasta que la clava izquierda alcance el tercer círculo pequeño. Muévelas ambas por delante con un impulso, y pásalas por encima de la cabeza haciendo un pequeño círculo, como se muestra en la posición de las clavas de la figura 10. Luego continúa con un pequeño círculo lateral (Fig. 21). Pasa las clavas con elegancia por debajo de los brazos (Fig. 24). Mantenlas ahí hasta que hayas hecho una reverencia y termina.

FABRICA TU PROPIA CLAVA 6
Clava pesada de hierro

Esta es una de las clavas más pesadas y grandes que podremos armar con caños. Siempre podremos igual seguir consiguiendo caños mas grandes, pero perderíamos mucho de la forma original. De ser necesario, una vez terminada la clava, podemos agregarle peso, insertando niples más pequeños dentro del niple de 2 pulgadas. Así, agregando cada vez mas niples, como si de una muñeca rusa se tratara, podremos conseguir más carga agregada.

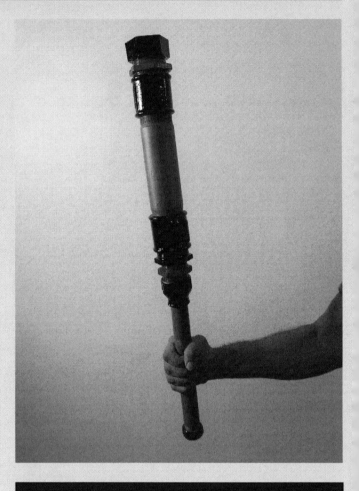

Tapa 1"

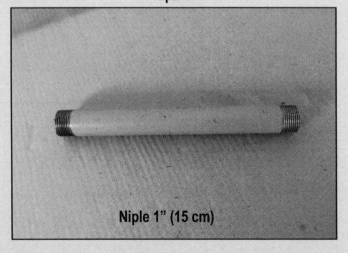
Niple 1" (15 cm)

LISTADO DE COMPRAS

- 1 Tapa 1"
- 1 Niple 1 "(15 cm)
- 1 Cupla de reducción de 1 1/2" a 1"
- 1 Rosca de 1 1/2"
- 1 Buje de reducción de 2" a 1 1/2"
- 2 Cuplas de 2"
- 1 Niple de 2" (10 a 12 cm de largo)
- 1 Rosca de 2"
- 1 Tapa de 2"

Cuando escribimos 1 1/2" se lee como "una pulgada y media".

Ensamble mango y tapa

Cupla de reducción de 1 1/2" a 1"

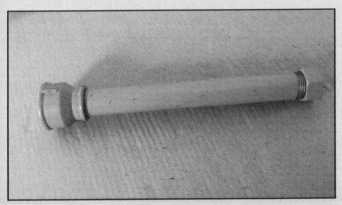

Ensamble

Rosca 1 1/2"

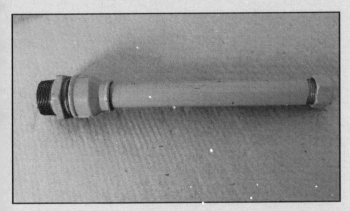

Ensamble

Buje de reducción de 2" a 1 1/2"

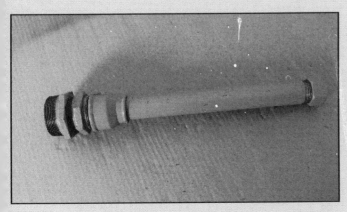

Ensamble

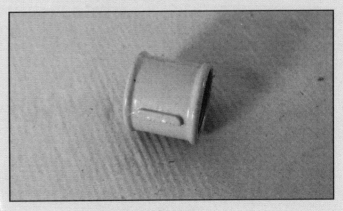

Cupla 2"

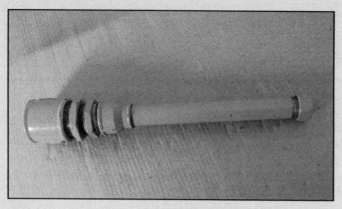

Ensamble

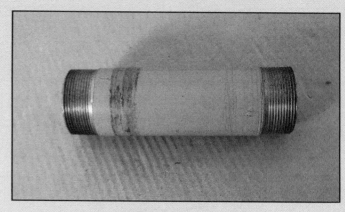

NIple 2" (15 cm)

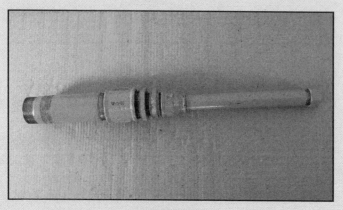

Ensamble

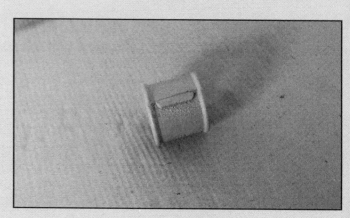

Cupla 2"

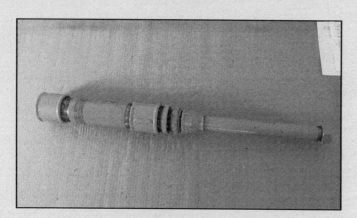

Ensamble

Rosca 2"

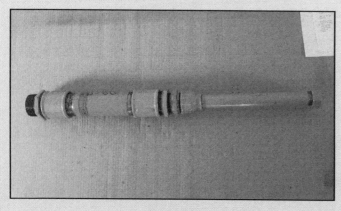

Ensamble

Tapa 2"

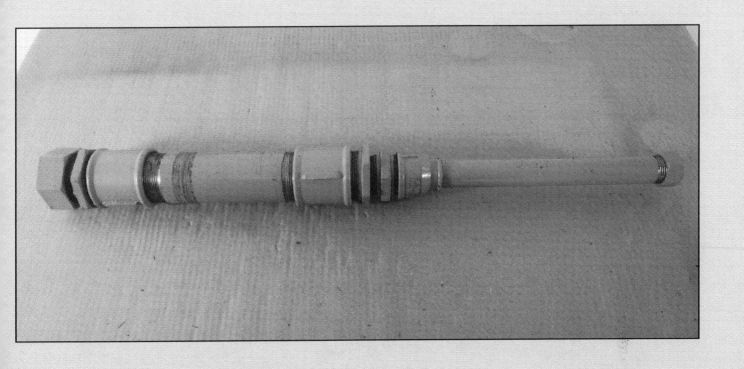

Ensamble final

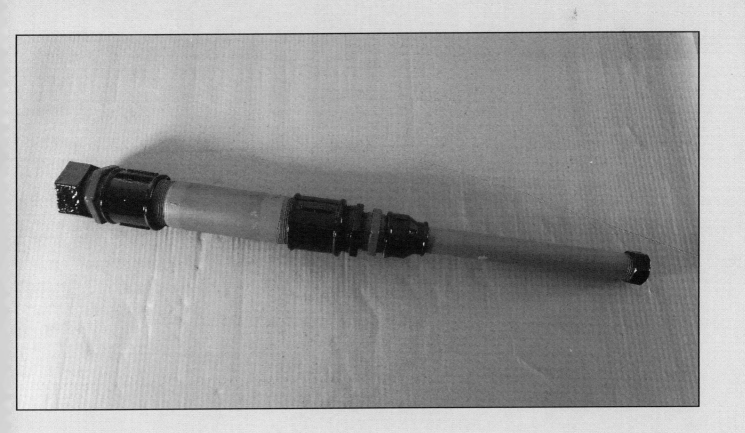

CAPITULO VII - PESADAS
PROFESOR HARRISON
CLAVAS INDIAS, MANCUERNAS Y EJERCICIOS DE ESPADA. LONDRES.

LOS PRIMEROS EJERCICIOS

Se ha dicho que la práctica con las mancuernas y el bate de cricket pone en acción todos los músculos del cuerpo – Cobbett recomienda la espada y el capitán Crawley el taco de billar, pero como herramientas para ejercitar las extremidades, todas son muy inferiores al Mudgar o clava india.

Estas contribuyen al pleno desarrollo de todos los músculos del tronco, brazos y piernas, y son más elegantes y vistosas en la práctica que las mancuernas. Sin embargo, debo advertirte que no empieces con una clava demasiado pesada, sino que antes, practica con una herramienta ligera y ve avanzando gradualmente hasta que puedas tomar la clava regular de once libras (5 kilos), o incluso las pesadas, como las que yo he exhibido en Holland Park y en otros lugares.

Milo de Crotona comenzó cargando un ternero, hasta que al final, con la práctica y la perseverancia, pudo correr con un toro sobre sus hombros. Pero recordemos que incluso él sufrió por intentar hacer demasiado; cuando él – como nos cuenta Ovid – era un anciano, intentó arrancar un roble, y sus dedos quedaron atrapados en la hendidura del árbol; y al no poder sacarlos, fue devorado por las fieras.

No hay que descuidar la naturalidad ni la gracia, pues sin ellas los ejercicios con las clavas reciben pocos aplausos de los espectadores. Incluso con una fuerza inferior, aquellos que prestan atención a la posición, el porte erguido y la elegancia en la acción, despertarán admiración. Al balancear las clavas, deja que ellas hagan un circuito completo y libre, sin sacudidas ni pérdidas de equilibrio. La mayor dificultad que he experimentado con los alumnos ha sido liberarlos de esa fea sacudida que los aficionados tienden a realizar en sus primeros ejercicios con clavas.

EJERCICIO I. – Elige unas clavas con el peso adecuado de acuerdo a tu fuerza, ni demasiado ligeras ni demasiado pesadas. Avanza; junta bien los talones y coloca las clavas en el suelo. Hay que explicar que cada clava tiene una base plana y se apoya en el suelo sin caerse. Párate perfectamente erguido, con el pecho bien hacia adelante y por encima de los dedos de los pies; los brazos rectos, las manos al frente y los dedos meñiques cerca de los costados. Retrocede un paso, el pie izquierdo primero; y luego avanza de nuevo entre las clavas, el pie derecho primero, llevando el izquierdo hacia delante, con los talones juntos como antes.

Este método de avance hacia las clavas es común en todos los ejercicios. Tiene la ventaja de que estabiliza el cuerpo y evita ese balanceo al tomar las clavas, al que están expuestos todos los novatos. Además de ser regular, también es elegante.

Ahora, agarra bien las clavas por las empuñaduras, con las palmas de las manos hacia el cuerpo; levántalas y crúzalas por encima de la cabeza, poniendo los brazos en línea perpendicular con el cuerpo, como en la ilustración. A continuación, déjalas caer lentamente en línea horizontal con los hombros, bajándolas gradualmente hasta que los dedos meñiques toquen la costura de los pantalones, con las palmas bien hacia el frente. Muy bien.

Ahora deje caer las clavas, y manteniéndote erguido como antes, retrocede un paso, estás listo para el siguiente ejercicio. Sin embargo, no debes imaginarte que has aprendido lo suficiente, simplemente leyendo estas instrucciones.

Cada paso del primer ejercicio debe ser dominado antes de realizar el segundo; porque de la comprensión completa de los movimientos preliminares, y de tu capacidad para realizar este ejercicio inicial, depende gran parte de tu éxito posterior. Al igual que el primer golpe suele decidir la contienda, el primer ejercicio de Mudgar suele determinar la diferencia entre un ejecutante elegante y uno desprolijo. Recuerda que el método para tomar la clava es siempre con las palmas hacia adentro. Si intentas realizar cualquiera de los ejercicios preliminares con las palmas de las manos alejadas del cuerpo, seguramente no lograrás ejecutarlos con facilidad y destreza, si es que puedes realizar alguno de ellos. Todos los movimientos deben hacerse lentamente y de manera regular, sin prisa ni esfuerzos indebidos. La forma de la clava, con el peso alejado de la mano, hace que se balancee en dirección circular cuando se levanta por encima de la cadera. Esta tendencia abre el pecho y hace que todos los músculos de los brazos y de la parte superior del cuerpo entren en acción libremente, mientras el tronco y las piernas participan del movimiento general sin mucho esfuerzo físico. Pero, por supuesto, yo no estoy diciendo que debas trabajar sin energía. Es necesario un cierto esfuerzo real; y, mientras se avanza en los diferentes ejercicios, encontrarás muchas oportunidades para aplicar mucho vigor y destreza. Permanece siempre de pie con firmeza, con el peso del cuerpo apoyado más bien en el metatarso del pie que en el talón. De esta manera, los músculos de las piernas adquirirán la rigidez necesaria para contrarrestar los pesos llevados por las manos en cualquier dirección.

Ejercicio I

EJERCICIO 2. – Avanza como antes, con un pie entre las clavas. A continuación, agárralas y llévalas de vuelta hacia el pie posterior. Levanta las clavas perpendicularmente, con las manos cerca a los costados, y en línea con los codos. En el momento en que las levantes, avanza con el pie trasero colocándolo a unos 50 cm del otro, con los talones en línea. De este modo tendrás una base firme y amplia, los pies bien separados y el cuerpo con tendencia a inclinarse muy ligeramente hacia adelante. Ahora lanza una clava alrededor de tu cabeza, llevándola por encima de la otra clava, dejando caer tu mano bien por detrás de la nuca; y, al mismo tiempo llevando tu codo bien arriba y al lado de tu cabeza, haces un círculo, devolviendo la clava a tu lado, desde donde comenzaste el movimiento; y viceversa con la otra clava, y luego pones las clavas de nuevo en posición vertical. Ten en cuenta que empiezas a hacer un círculo en el momento en que arrancas con la clava o clavas, ya que en algunos ejercicios tendrás que balancear dos clavas al mismo tiempo. Unos minutos de descanso, y luego inicias.

Ejercicio 2

EJERCICIO 3. – Avanza como antes. Levanta las clavas en posición como en la Figura 2. Dobla las muñecas hacia afuera, luego lanza la clava alrededor de la cabeza en posición inversa a la mostrada en el Ejercicio 2. Lleva la muñeca derecha bien alrededor de la oreja izquierda, extendiendo la clava izquierda horizontalmente, y viceversa. Este ejercicio desarrolla los bíceps y tiene un gran efecto sobre los músculos pectorales.

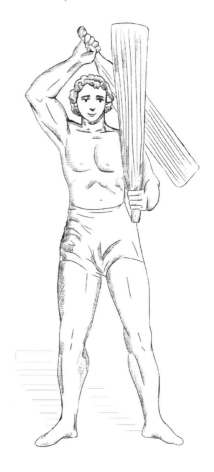

Ejercicio 3

JAMES "PROFESSOR" HARRISON

Poco se sabe acerca de la vida, fecha y lugar de nacimiento de James "Professor" Harrison. Sin embargo, podemos argumentar algunas teorías, basadas en su libro "Indian Clubs, Dumbbells and Sword Exercises" y confirmar ciertos hechos, utilizando como evidencia algunas publicaciones en periódicos ingleses y norteamericanos.

A principios de la década de 1850, Harrison era un reconocido Strongman, que recorría diferentes ciudades de Gran Bretaña con su famoso acto, utilizando clavas pesadas y demostrando diversas "proezas de fuerza".
Un detalle que diferencia a Harrison de la gran mayoría de los strongman de la época, es que en vez de presentarse en "Music Halls" o en Circos, lo hacía mayormente en instituciones de clase media y reuniones de la alta sociedad, tales como el "Holland Park Fête" y "Scottish Volunteer Fête" o en presentaciones privadas en diversos gimnasios, como el Saville House de Leicester Square.

Fue galardonado por su desempeño como atleta por la Reina Victoria y premiado por la Sociedad Escocesa y miembros de la clase gobernante del Imperio Británico en la India (El Raja de Coorg, los Príncipes de Oude y Sarat y el Rey de Scinde, actual Pakistán).
Por esta razón, si bien no podemos determinar hasta qué punto era un personaje público reconocido, debido a sus credenciales, se podría decir que gozaba de cierta fama.
De hecho, también fue mencionado en diferentes periódicos británicos, como "The Illustrated London News" [1852] e incluso en los Estados Unidos, en el diario del "New York Clipper" [1856], es donde se lo describe como "uno de los hombres más fuertes del mundo".

Simon D. Kehoe, en su libro "Indian Club Exercise", menciona a Harrison como su inspiración. Fue después de quedar impresionado por una de sus presentaciones, que Kehoe decide presentar las clavas en Estados Unidos, como un efectivo elemento para el desarrollo de la fuerza, la movilidad y la coordinación.

Toda esta información, sumado al hecho de que en su libro se refiere a las clavas como "Mudgar" (uno de los modelos de clavas, dentro de las variedades del subcontinente Indio), nos hace pensar que James Harrison fue en realidad un oficial al servicio de la Compañía Británica de Las Indias Orientales y que habría aprendido los ejercicios con clavas directamente de los nativos que servían a la corona como ejército a sueldo, conocidos como "Cipayos". Su vinculación con el ejército explicaría su acceso a la realeza británica y al ámbito de los gimnasios privados.

De todas maneras, estas no son más que teorías. Lo que sí podemos afirmar, es que su descripción de los ejercicios con clavas pesadas en "Indian Clubs, Dumbbells And Sword Exercises" es posiblemente la más fidedigna de todas las escritas en Occidente durante el siglo 19, reflejando las técnicas tradicionales y originales de Persia e India.

EJERCICIO 4. – Avanza como antes, y toma ambas clavas levantándolas perpendicularmente; luego lanza las dos alternadamente de derecha a izquierda y de izquierda a derecha, llevando al mismo tiempo la mano derecha alrededor de la oreja izquierda, y la mano izquierda alrededor de la oreja derecha; ambos codos bien arriba de la cabeza, bajando las manos por detrás de la nuca. Aparentemente, ambas manos dan vueltas exactamente en los mismos círculos; pero en realidad no es así, ya que una mano hace un círculo más grande que la otra; y así sucesivamente, de forma alternada. Entenderás esto en cuanto empieces a practicar. Este ejercicio actúa por igual sobre los músculos de ambos lados del cuerpo, cada uno de los cuales es llevado a una acción libre y poderosa.

Ejercicio 4

EJERCICIO 5. - De pie en la primera posición, toma las clavas, lleva los dos brazos bien por delante del cuerpo, y gíralos por la parte posterior de la cabeza, bajando ambas manos, y moviendo las clavas libremente en círculos; luego lleva las clavas al frente sosteniéndolas perpendicularmente; invierte el círculo.

Ejercicio 5

EJERCICIO 6

Cada uno de estos movimientos debe ser practicado por separado, pero no tan extensamente como para causar fatiga, o se perderá el fin que es ejercitar, no cansar los músculos.

Lo más importante es alcanzar la facilidad y la confianza en el balanceo de las clavas; la elegancia y la gracia seguirán, o, mejor dicho, acompañarán los ejercicios, ya que es casi imposible lanzar el Mudgar alrededor de la cabeza de una manera torpe o poco elegante. Hay que mantenerse firme, con los pies bien separados y el cuerpo erguido; pero, al mismo tiempo, hay que sostener la cabeza con facilidad y dejar que los músculos de los brazos y del pecho tengan todo el movimiento. Estas indicaciones, en efecto, se aplican a todo tipo de deportes atléticos, pero es especialmente importante observarlas con el Mudgar. Caminar, correr, saltar, balanceo con garrocha, remar, patinar, nadar y escalar, son todos a su manera, buenos ejercicios gimnásticos, pero para su disfrute pleno, libre y saludable, es totalmente necesario un proceso regular de entrenamiento. La fuerza por sí sola no servirá de mucho, a no ser que se controle y se domine de manera que pueda ser empleada beneficiosamente, y que se utilice en el momento en que más se necesite. Ahora bien, es sabido que el cuerpo y los miembros pueden ser entrenados de tal manera que estén subordinados a la voluntad, y puedan soportar una cantidad casi increíble de esfuerzo sin que luego experimenten ningún grado muy sensible de lasitud o fatiga.

Así que, en los corredores profesionales, los atletas y los gimnastas, la constitución se fortalece para realizar hazañas de resistencia y fuerza que, para un hombre no entrenado, aunque esté perfectamente sano y vigoroso, son simplemente imposibles. Los instrumentos que se empleaban antiguamente en casi todas las etapas del entrenamiento eran las mancuernas; pero las clavas indias son las mejores, ya que proporcionan más diversión durante el ejercicio. Este hecho es reconocido por todos los nobles y caballeros que han tenido el honor de enseñar, y su uso en el ejército es una prueba de su superioridad. Sin embargo, no creas que las clavas indias son algo que simplemente se lanza, o que se pueden coger y soltar como se coge un bate de cricket. Lo que es importante es que te acostumbres a su uso, y así adquie-ras fuerza real, y puedas participar con placer en cualquiera de los deportes de campo en los que los chicos ingleses se deleitan, y que son las grandes características de los hombres ingleses en todo el mundo.

Ejercicio 6

OTRAS INSTRUCCIONES PARA EL USO DE LA CLAVA INDIA

Ya hemos pasado el pons asinorum (la dificultad de entender algo - N. del T), y los ejercicios que siguen a continuación pueden considerarse como el resultado natural y regular de la familiaridad con las clavas indias.

EJERCICIO 7. – De pie en la primera posición, toma las clavas de la forma habitual, con las palmas hacia adentro. Gira el cuerpo un poco hacia la derecha, con los pies firmes en el suelo, a unos 30 cm de distancia, para formar una base firme. Balancea las clavas hacia arriba, como en la primera figura (1), y haz, con los brazos extendidos, y por delante del cuerpo, un círculo en la dirección indicada, hacia abajo a los pies y hacia arriba por encima de la cabeza, para que las clavas caigan en un círculo algo menor hacia el lado por el que partieron (2). La figura central de la ilustración muestra la posición del cuerpo y los brazos durante la primera parte de este ejercicio, y la tercera figura representa la posición inversa a la mostrada en el Ejercicio. 4. Los indios son especialmente hábiles en este ejercicio, en el que las clavas se lanzan en círculos alrededor de la cabeza y los hombros, formando uno de ellos un círculo más pequeño que el otro, hasta alcanzar de nuevo la posición de partida. Practica esto, primero hacia un lado y luego hacia el otro alternadamente, hasta que hayas adquirido la facilidad y habilidad necesarias para manejar el Mudgar.

EJERCICIO 8. - Esta es una modificación más de los ejercicios anteriores, y requiere ser realizada con gran exactitud. Coloca las clavas en la primera posición e inclina ligeramente el cuerpo hacia uno u otro lado. A continuación, gira las muñecas para colocar las clavas en la posición indicada en la primera figura, y mueve las clavas en círculo tres o cuatro veces con los brazos extendidos, en la dirección que se muestra en las líneas de la figura. Al completar el último círculo, los brazos deben ser levantados más arriba, para describir un barrido más grande, girando el cuerpo un poco hacia la izquierda. Pero, en lugar de formar la curva más pequeña por detrás, como en el siguiente ejercicio, las dos clavas se lanzan por encima de la espalda, bajando bien las manos por la nuca (2.) A partir de esta posición las clavas deben llevarse hacia el frente, y así se puede variar el ejercicio alternadamente en ambos lados. Ahora invierte las clavas, y déjalas caer por el frente como se muestra en la figura (3.) Balancéalas de un lado a otro, a la derecha y a la izquierda, hacia arriba, por delante y por detrás, hasta que te hayas familiarizado con este tipo de movimiento, y así sucesivamente.

EJERCICIO 9. – Esta es la forma más difícil, pero al mismo tiempo la más elegante, de utilizar el Mugdar. Los indios tienen una forma inteligente de lanzar las clavas con la mano y agarrarlas mientras descienden; pero esta forma de usarlas es más adecuada para una exhibición pública de agilidad que útil como ejercicio atlético. Por supuesto, varios ejecutantes introducen muchas modificaciones en la forma de manipular las clavas, pero todas ellas dependen de un conocimiento perfecto y completo del ejercicio anterior. En este ejercicio, las manos se invierten y las clavas, al comenzar, se sostienen colgando por delante, con las palmas hacia adentro. El ejercicio consiste principalmente en describir dos círculos oblicuos alrededor de la cabeza, uno a la derecha y otro a la izquierda. Un examen cuidadoso del diagrama lo hará evidente. La clava en la mano derecha debe ser barrida hacia arriba por el lado derecho detrás de la cabeza (2), y al pasar a la izquierda, el frente, la derecha, y detrás, completa el círculo. Mientras tanto, la clava de la mano izquierda se balancea siguiendo el movimiento de la mano derecha, y describe el círculo opuesto (3.) Estos movimientos se muestran exactamente en los círculos del diagrama. Continúa este ejercicio alternadamente; primero a la derecha y luego a la izquierda, y así a voluntad.

No es necesario realizar un gran esfuerzo muscular, pero mientras se avanza se observará que se puede manejar un clava más pesada y larga de lo que era posible en un comienzo; el cuerpo y los miembros empezarán a alcanzar la dureza, fuerza y adaptabilidad necesarias para el completo disfrute del deporte al aire libre.

Podrían mostrarse más ejercicios, pero ya se ha dicho lo suficiente para que el aficionado pueda desarrollar toda la fuerza muscular de que es capaz, mediante el uso de las Mudgar o Clavas Indias.

Bombay Theatre of Varieties at the India and Ceylon Exhibition 1896

FABRICA TU PROPIA CLAVA 7
Clavas de cemento

La relación entre la arena y el cemento es de 1/1. O sea, si usamos 500 gr de arena usaremos la misma medida de cemento.

Un pequeño puñado de fibra de polipropileno para hormigón. Esto asegurará y unirá la pieza.

La relación entre el adhesivo y la arena o cemento será de 1/4 o sea, si usamos 500 gr de arena usaremos unos 125 gr del adhesivo vinílico.

El agua necesaria para lograr una buena consistencia, ni muy rígida ni muy líquida.

LISTADO DE COMPRAS

- Arena
- Cemento gris
- Tinte (ferrite) a elección
- Adhesivo vinílico para morteros
- Fibra de polipropileno
- Agua
- Sellador acrílico (terminación)

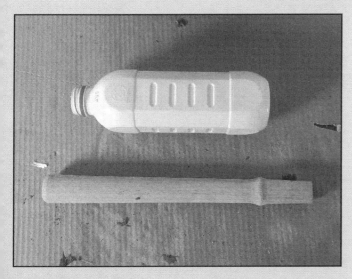

Con botellas, maderas, mangos y cualquier tipo de pieza similar a una clava podremos construir estos modelos.

Es muy importante agregar clavos o tornillos al bastón o caño para evitar que este se salga de la pieza de concreto.

Clava mediana con mango de martillo

Maza o Gada pequeña

Modern Gymnastic Exercises

BY

A. Alexander

DIRECTOR OF THE LIVERPOOL GYMNASIUM.

CAPITULO VIII - PESADAS

A. ALEXANDER
MODERN GIMNASTIC EXERCICES. LONDRES. 1890.

CLAVAS PESADAS

Aunque el ejercicio con clavas pesadas no es tan beneficioso como el realizado con clavas ligeras, es una práctica que se puede lograr mediante el desarrollo físico, y es siempre un elemento favorito en las "Exhibiciones", lo que demuestra la pasión que las personas mantienen por los eventos donde se hace alarde de fuerza puramente física. No hace falta decir que las clavas pesadas se ven mejor cuando son ejecutados por hombres pesados; porque, aunque hemos visto a personas de peso ligero desempeñarse bastante bien, siempre es evidente que lo hacen con gran esfuerzo y riesgo de lesiones, pues el peso de la clava las saca naturalmente de su equilibrio, y sus esfuerzos por mantenerlo no son elegantes. Por otro lado, nadie puede dejar de notar la facilidad y admirar la gracia con la que un hombre más poderoso maneja los objetos pesados, como si no tuvieran nada en sus manos. Algunos hombres adoptan diferentes métodos para hacer que las clavas sean más pesadas, por ejemplo, haciendo un hueco en el extremo de la base de las clavas y rellenándolas con plomo; otros tienen clavas enormes curveadas y ahuecadas. Estos dos métodos son cuestionables; es mucho mejor utilizar clavas con el peso que tú creas que puedes manejar. En el Liverpool Gymnasium las utilizan con un peso de hasta 56 libras (25 kilos), y hemos visto a John Hulley, su famoso fundador, y nuestro distinguido mentor, balancearla simultáneamente con una de 48 libras (22 kilos) con aparente facilidad. Entre varios hombres reconocidos por el uso de las clavas, el Sr. Spencer Leese, F. W. Schofield, y J. E. Davies, del Liverpool Gymnasium, ocuparon los primeros puestos; como también lo hicieron J. V. Madgwick, del Bolton Gymnasium, y P. Carroll, más adelante en el Manchester Gymnasium.

Los movimientos con clavas que pesan unos 14 kilos cada una se ven bien si se realizan lentamente. Uno de estos ejercicios es con los "BRAZOS PARALELOS Y LAS CLAVAS PERPENDICULARES". Hay que separar los pies unas 50 cm, los dedos apuntando hacia afuera, las piernas rígidas y el cuerpo erguido, procurando mantener la posición firme de los pies en el suelo. Al levantar las clavas, es mejor hacerlo desde la parte posterior, es decir, deja que la base de las clavas se apoye en el suelo unos centímetros detrás de los pies. LUEGO, tomándolas por las empuñaduras, con un balanceo sube las clavas al pecho, con los brazos doblados, los codos presionando los costados, las clavas perpendiculares. Ahora extiende lentamente los brazos hacia adelante hasta que estén paralelos y horizontales, las clavas aún están perpendiculares (ver Fig. I). A partir de esta posición puedes llevar las clavas de nuevo al pecho, o si eres lo suficientemente fuerte, puedes elevarlas hasta alcanzar la posición "BRAZOS Y CLAVAS PERPENDICULARES". Al hacer esto, inclina el cuerpo ligeramente hacia atrás, y al mismo tiempo levanta y extiende los brazos hacia arriba por encima de la cabeza (como en la Fig. 2); los brazos deben mantenerse perfectamente rígidos en este movimiento. Ahora llévalos firmemente a la posición de la Fig. I, y después bájalos. "TOCAR LOS HOMBROS" es una muy buena exhibición de fuerza. En este movimiento, se levantan las clavas hasta la posición de la Fig. I, y desde ahí se permite que los extremos de la base de las clavas se inclinen paulatinamente hasta que toquen los hombros, manteniendo los brazos rígidos y haciendo el movimiento desde la muñeca. Retoma la posición de la Fig. I, y luego regresa al punto de partida.

Fig. 1

Fig. 2

Los movimientos de torsión con clavas pesadas son bastante difíciles, debido a su volumen y predisposición a golpearse entre sí, pero si el gimnasta es lo suficientemente hábil y fuerte, esto puede evitarse. El "GIRO ALTERNADO HACIA ATRÁS" es el primero y más fácil de estos movimientos. Lleva las clavas al pecho, y habiendo asegurado el equilibrio, realiza un giro hacia atrás por detrás del hombro derecho con la clava derecha (ver Fig. 3), y al llegar de nuevo al pecho, realiza un movimiento similar con la clava izquierda por detrás del hombro izquierdo, y así sucesivamente alternando las clavas derecha e izquierda hasta que el movimiento sea rápido y se vea muy bien. El "GIRO SIMULTÁNEO HACIA ATRÁS" es más difícil, y requiere un buen esfuerzo con ambos brazos simultáneamente, o de lo contrario las clavas se golpearán entre sí, e impedirán que se realice el círculo. Lleva las clavas al pecho, y deja que la base de cada clava caiga hacia adentro como indican las líneas punteadas de la Fig. 4, realizando un giro hacia atrás con cada clava. Si te esfuerzas por cruzar las empuñaduras será más fácil. Un poco de práctica debería permitirte hacer esto con éxito, y sin pausa. Un buen movimiento, pero que requiere un gran esfuerzo, es el "GIRO SIMULTÁNEO HACIA ATRÁS Y HACIA ADELANTE". En este ejercicio se realiza un giro hacia atrás con la mano derecha, y uno hacia adelante con la mano izquierda por detrás de los hombros. Se pueden realizar otros movimientos a partir de los ejercicios con clavas Ligeras descritos en la Parte 1 del libro "Ejercicios de Gimnasia Moderna", pero los que acabamos de describir formarán la base; el resto debe depender del físico y fuerza del individuo.

Fig. 3

Fig. 4

Uno de los mejores métodos para mostrar los beneficios del trabajo con clavas pesadas es hacerlo con una sola clava que pese entre 22 y 27 kilos. Con una clava de este peso, incluso el "CIRCULO ALREDEDOR DE LA CABEZA CON AMBAS MANOS" parece una buena exhibición de fuerza. APOYANDO la base de la clava entre los pies, y agarrando la clava con ambas manos, la elevas a la posición perpendicular sobre la cabeza (ver Fig. 2). A partir de ahí, deja que la base de la clava caiga gradualmente entre los omóplatos, manteniendo los brazos tan rígidos como puedas. Cuando la clava se encuentre en la parte posterior, pásala en un círculo horizontal alrededor de la cabeza, como se indica en la línea punteada en la Fig. 5. El "GIRO Y BALANCEO HACIA ATRAS" es una buena práctica, y debes practicarlo tanto con la mano izquierda como con la derecha. COMENZANDO con la mano izquierda, se lleva la clava al pecho, y, balanceándola por el hombro derecho, se deja caer por delante de la pierna derecha; y, aprovechando el ímpetu ganado con este movimiento, se tira hacia arriba sobre el hombro izquierdo, y, sin ninguna pausa, se realiza un giro hacia atrás (ver Fig. 6). Ahora se cambia la clava a la mano derecha y se repite el movimiento. El "GIRO ALTERNADO HACIA ATRÁS Y HACIA ADELANTE" es otra prueba severa de fuerza. Iniciando con la mano izquierda, se levanta la clava hacia el pecho, y se realiza un giro hacia atrás, como se muestra en la Fig. 6; y luego, pasando la clava por el pecho a la mano derecha, se realiza un giro hacia adelante, después de lo cual se extiende el brazo derecho lateralmente, se balancea la clava hacia abajo por el frente, y se levanta hasta el pecho por el lado izquierdo, donde se vuelve a cambiar a la mano izquierda, y se repite el movimiento.

Fig. 5

Fig. 6

Los movimientos de balanceo con la clava pesada pueden ser facilitados en gran medida por el contrapeso del cuerpo. Por tanto, cuando la clava está en el extremo delantero, el cuerpo debe echarse bien hacia atrás; cuando la clava está detrás, el cuerpo debe inclinarse hacia delante. Un poco de práctica mostrará la utilidad de esto.

AGARRA la clava con las manos y llévala al pecho. Ahora extiende los brazos hacia adelante, con la clava perpendicular, como se ve en la Fig. I. Desde ahí, balancea la clava hacia abajo, hacia el lado derecho; luego hacia arriba, pasando por el hombro derecho, de nuevo hasta el punto de partida. A continuación, balancea hacia abajo, hacia el lado izquierdo, hacia arriba, pasando por el

Fig. 7

EL OCASO DE LAS CLAVAS

Entre 1870 y 1900, las clavas fueron uno de los elementos más reconocidos en el contexto de la actividad física, estando presentes en las aulas, las casas y los clubes de toda Europa y los Estados Unidos. Sin embargo, esto no duraría mucho tiempo más.

A partir del surgimiento del movimiento de la "Cultura Física" a comienzos del 1900, el interés por las clavas comenzó a declinar. El mensaje moralista y de renovación de las instituciones en decadencia que pregonaba este nuevo movimiento, hablaba directo a los corazones del público británico y europeo. Esto, sumado al éxito de las fotografías donde mostraban sus cuerpos y el marketing impulsado por los físico culturistas de la época, generó un gran impacto en la opinión pública. El hecho de que el Museo de Historia Natural de Londres, encargarse una escultura del cuerpo de Eugene Sandow para exhibirla como modelo de belleza de la época, nos da una idea de lo profundo que llegó a calar esta nueva cultura en la sociedad británica.

Como resultado, miles de hombres y mujeres abandonaron la práctica de los ejercicios con clavas, para inscribirse en los numerosos gimnasios de este nuevo sistema. Esto también se vio reflejado en el ámbito militar; luego del fracaso británico en la Guerra de Sudáfrica (donde aparentemente, el rendimiento físico de sus tropas había dejado mucho que desear), el ejército decidió buscar un método de entrenamiento más eficiente y dejar atrás para siempre el uso de las clavas. Si bien en un comienzo, el "Método de Sandow", estuvo cerca de ser implementado hombro izquierdo, y hacia el punto de partida, repitiendo el movimiento una o dos veces. El "BALANCEO LATERAL CON UNA MANO" es similar al último movimiento, sólo que se realiza con una mano (ver Fig. 7). El "GIRO HACIA DELANTE Y BALANCEO LATERAL" es algo difícil de realizar, la dificultad radica en el giro hacia delante. Lleva la clava al pecho con la mano derecha y, presionando el codo hacia el costado, realiza un giro hacia adelante. Cuando la clava gire, empuja el brazo hacia adelante y gira la clava hacia abajo, pasando por el lado derecho, y hacia arriba, pasando por el hombro derecho, hasta el pecho. Aquí cambia la clava a la mano izquierda, y repite el giro hacia adelante y el balanceo.

Fig. 8

en la escuela militar, después de ciertas pujas políticas, se terminó optando por la Gimnasia Sueca de Ling, como método definitivo. Ya en las vísperas de la Primera Guerra Mundial, las clavas eran percibidas como reliquias que debían salir de circulación y no como valiosas herramientas de entrenamiento.

Ante la noción de que la popularidad de este elemento estaba desapareciendo, muchos de sus practicantes tuvieron la errada idea de posicionar el entrenamiento con clavas en contra de los sistemas de la "Cultura Física", en vez de unirse a ellos. En vez de afirmar que los ejercicios con clavas (pesadas) dsarrollaban físicos como el de Sandow, se dedicaron a reiterar ideas anticuadas sobre las diferencias entre los cuerpos masculinos y femeninos, incluso cuando un gran porcentaje de sus practicantes eran mujeres. Así, el uso de las clavas fue rápidamente eclipsado por los nuevos sistemas de entrenamiento.

De la misma manera, la inhabilidad de innovar con respecto a las exhibiciones con clavas, también contribuyeron a su caída. Mientras en Estados Unidos, durante las Olimpíadas de 1904, se incluye la competencia con clavas, Inglaterra no envía a ningún representante, al tiempo que envía a sus atletas a competencias de "resistencia con clavas", un evento que perdía popularidad a pasos agigantados. El famoso atleta australiano Tom Burrows, quien fuera aclamado por la prensa en 1897, fue ridiculizado por la misma en 1914. Aparentemente, los practicantes de clavas de esa época fueron ciertamente anticuados y no pudieron adaptarse al cambio de paradigma. No obstante, más de 100 años más tarde, intentamos recordar, volver a aprender, re-significar e incluso aportar nuevos conocimientos a esta actividad que continúa sobreviviendo de una manera u otra, el paso de los milenios.

EL "CAMBIO CON BALANCEO LATERAL"

Consiste en llevar la clava hacia el pecho con la mano derecha, y empujarla por delante con el brazo completamente extendido (ver Fig. 9), balancea la clava hacia abajo pasando por el lado derecho, hacia arriba y pásala por el hombro derecho, hacia adelante hasta extender completamente el brazo. En este punto, estira el brazo izquierdo hacia adelante y pasa la clava a la mano izquierda, y luego realiza un balanceo hacia abajo pasando por el lado izquierdo, hacia arriba y pásala por el hombro izquierdo, hacia el frente, donde se pasa la clava a la mano derecha de nuevo y se repite el movimiento. El "GIRO HACIA ATRÁS Y BALANCEO LATERAL" es un movimiento similar, pero un poco más difícil. SUBE la clava con la mano derecha hasta el hombro derecho, y realiza un giro hacia atrás por detrás del hombro derecho. Al girar la clava, se balancea hacia delante con el brazo completamente extendido, y continúa hacia abajo pasando por el lado derecho, hacia arriba por el hombro derecho, y cruzando el pecho hasta el hombro izquierdo. Aquí se pasa la clava a la mano izquierda, repitiendo el movimiento con la mano izquierda. Cuando la clava llega al pecho se puede pasar alternadamente a las manos. No serviría de nada ejecutar un tra-

Fig. 9

bajo con una clava más pesada, ya que probablemente sólo se podrían realizar los ejercicios para clavas ligeras descritos en la parte 1 del libro. En conclusión, aconsejamos a los gimnastas que no se esfuercen en utilizar las clavas más allá de sus capacidades, y que recuerden que estos ejercicios son más espectaculares que beneficiosos.

INDIAN CLUBS.

BY

G. T. B. COBBETT,
ORION GYMNASTIC CLUB,

AND

A. F. JENKIN,
GERMAN GYMNASTIC SOCIETY AND INNS OF COURT SCHOOL OF ARMS; AUTHOR OF "GYMNASTICS."

𝕎ith Illustrations.

CAPITULO IX - PLANOS

G. T. B. COBBETT Y A. F. JENKIN
INDIAN CLUBS. LONDRES. 1905.

De este manual hemos rescatado los planos para la construcción de diferentes clavas. Aqui encontrarás 5 PLANOS (4 originales de este libro y uno INEDITO). Todos han sido dibujados y convertidos a unidad métrica para que, con los medios adecuados, puedas finalmente construir tu clava ORIGINAL con las medidas clásicas. Si te embarcas en este tipo de travesía tienes que saber que necesitarás trabajar con modelistas, torneros y descubrir el tipo de maderas usadas para tal fin.

Esperamos que ademas de las clavas que te propusimos construir puedas desarrollar por tus propios medios, todas las que estés buscando.

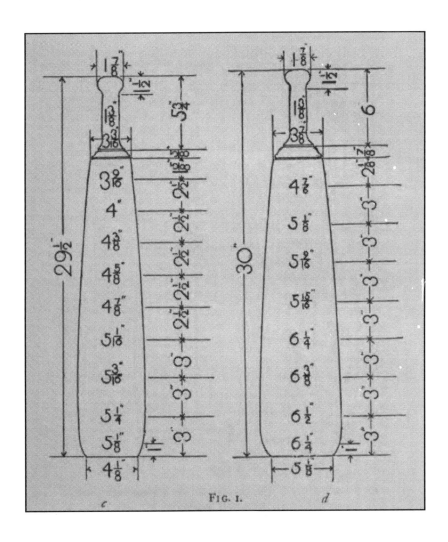

FIG. I.

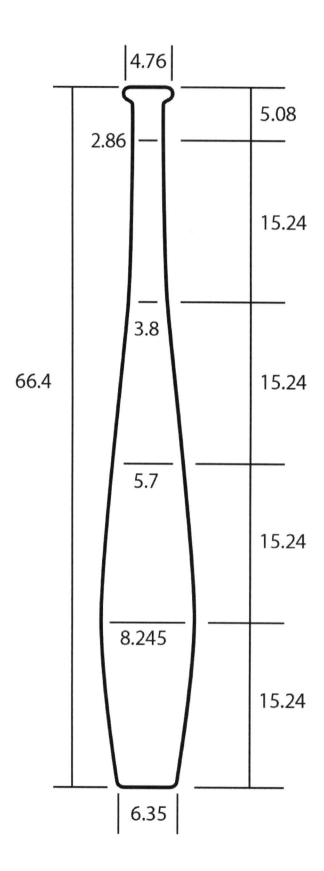

Clava britanica

278

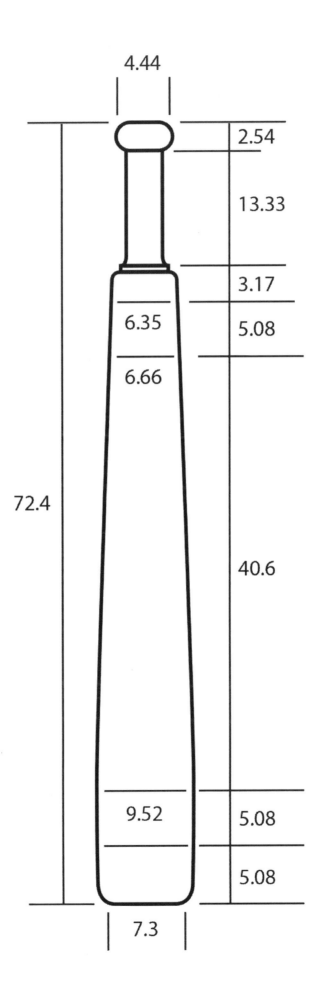

Jori Indio

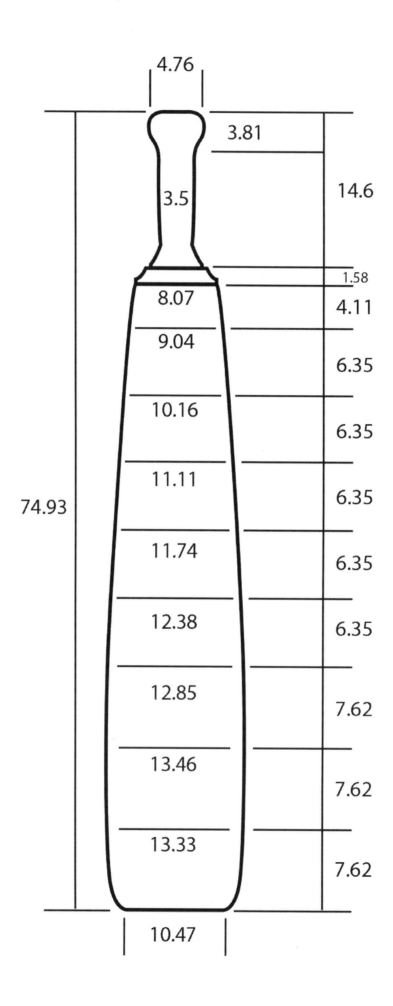

Mudgar

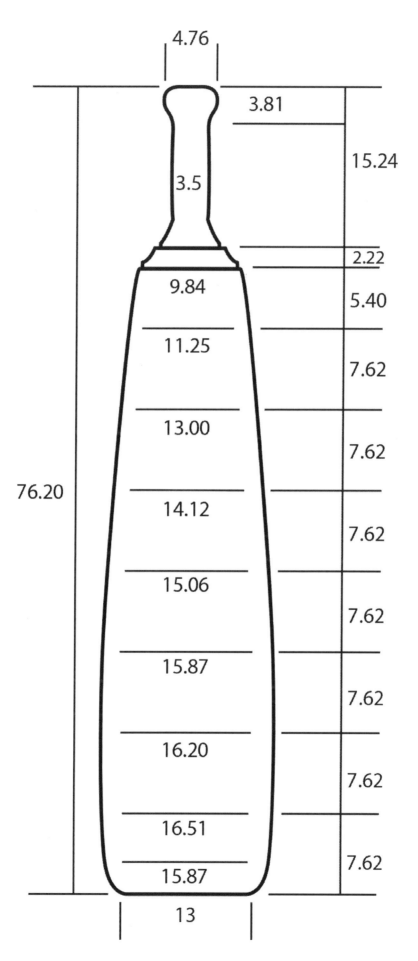

Mill Persa

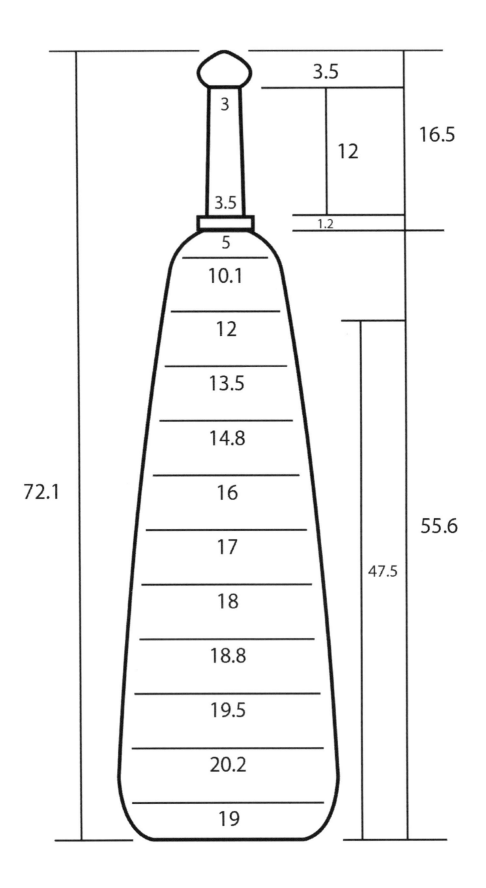

EPILOGO

A pesar de haber gozado de gran popularidad al final del siglo XIX, para 1914, las "Indian Clubs" fueron olvidadas en Gran Bretaña y Europa e incluso, algunos años más tarde, en los Estados Unidos. Pasaron de ser uno de los llamados "4 Jinetes del Fitness", a utilizarse como "posta" en competencias de carrera con relevos o simplemente quedar olvidadas en el depósito de materiales deportivos de las escuelas.

Hoy en día, después de un siglo en el olvido, una revisión histórica y el interés en las versiones originales del uso de este elemento, es que decidimos publicar esta Clavapedia. Con el foco puesto exclusivamente en su uso como herramienta para el desarrollo físico, sin olvidar su origen y herencia cultural (pero dejando de lado ideas religiosas), encontramos en las clavas una herramienta de entrenamiento excepcional.

Es así, que analizando con detenimiento la experiencia empírica recogida durante centurias por la culturas persas y del subcontinente indio, el estudio en detalle de las obras publicadas durante su momento de mayor popularidad en Occidente y apoyados en el conocimiento que nos proporciona la ciencia, llegamos a nuevas y muy efectivas formas de desarrollar la fuerza, la movilidad, la coordinación e incluso la concentración de la mente.

LIBROS PUBLICADOS
(JMILO EDICIONES Y AMAZON)

EL LIBRO DE LAS PROGRESIONES

El Libro de Las Progresiones explica, con ejemplos simples y concretos, cómo diseñar adecuadas progresiones, regresiones y variantes de los ejercicios más populares del entrenamiento físico.

BIG3

El Manual BIG3 está dedicado especialmente a **El Peso Muerto, La Sentadilla y El Banco Plano**. En él se explican de manera analítica los procesos anatómicos/funcionales detrás de estos 3 ejercicios y como aplicar, transferir y extrapolar este conocimiento a cualquier otra situación.

GLÚTEOS

El Libro de los Glúteos explica en detalle la relación entre el entrenamiento de la fuerza y el estudio de la anatomía. Enfocado especialmente en el grupo glúteo y su relación con el resto del cuerpo, es una lectura inclusiva y para todos los niveles.

FUERZA - ANATOMÍA - ENTRENAMIENTO 1

En el **primer tomo** de este completo manual, el autor explica en detalle la relación entre el entrenamiento de la fuerza y el estudio de la anatomía. Utilizando un lenguaje claro y comprensible, Jerónimo Milo logra sintetizar ideas complejas. El lector podrá aplicar esta información al contexto de la actividad física y tendrá una cantidad de conocimiento que podrá ser utilizado de inmediato.

FUERZA - ANATOMÍA - ENTRENAMIENTO 2

Segundo Tomo dedicado al estudio de Miembros Inferiores. El autor explica en detalle la relación entre el entrenamiento de la fuerza y el estudio de la anatomía. Utilizando un lenguaje claro y comprensible. El lector podrá aplicar esta información al contexto de la actividad física, obteniendo una cantidad de conocimiento que podrá ser utilizado de inmediato.

FUERZA - ANATOMÍA - ENTRENAMIENTO 3

Tomo 3 dedicado al estudio de Miembros Superiores. En este completo manual, el autor explica en detalle la relación entre el entrenamiento de la fuerza y el estudio de la anatomía. Utilizando un lenguaje claro y comprensible, Jerónimo Milo logra sintetizar ideas complejas. El lector podrá aplicar esta información al contexto de la actividad física, obteniendo una cantidad de conocimiento que podrá ser utilizado de inmediato.

KETTLEBELL DEFINITIVO

Este manual de **kettlebell definitivo** es una de las recopilaciones más completas sobre el entrenamiento kettlebell. Dividido de manera fácil e inteligente, es además una manera rápida y eficiente para el uso de la pesa rusa. El manual de kettlebell definitivo es la guía inicial y probablemente la guía final de la pesa rusa.

TU COLUMNA AUTÓNOMA

Tu Columna Autónoma es la última obra de Jerónimo Milo, un experto en salud y entrenamiento físico. Este libro, diseñado para el público masivo, es una guía accesible y completa que te ayudará a comprender la importancia de tu columna vertebral en el bienestar general.

CLAVAPEDIA

Clavapedia es la primera enciclopedia en castellano sobre entrenamiento con clavas. En esta obra se reúne el mayor caudal de conocimiento sobre este tema, tanto en su versión tradicional antigua, como en el estilo occidental (antiguo y contemporáneo). También, las posibles variantes y desarrollos que se pueden hacer, para cumplir un objetivo funcional en la actualidad.

IVAN LEBEDEV

El libro **Ejercicios con Pesas Rusas** fue originalmente publicado en 1928 en Moscú en la ya instaurada Unión Soviética.

ARCHIVOS SECRETOS KETTLEBELL

Archivos Secretos Kettlebell [ASK] es, sin lugar a dudas, el texto más completo y detallado acerca del origen, desarrollo y evolución del entrenamiento con Kettlebells.

ARTHUR SAXON

En esta ocasión, Jerónimo Milo no solo nos ofrece una traducción acertada del texto original, del cual podremos aprender valiosas lecciones sobre el levantamiento de pesas en su forma original, sino que también nos lleva de viaje al pasado, visitando detalles y anécdotas sobre la carrera profesional y vida personal de Arthur Saxon y sus contemporáneos.

EL MODO DE VIVIR DE GEORGE HACKENSCHMIDT

Jerónimo Milo, presenta esta obra, **por primera vez traducida al castellano**, enriquecida por sus comentarios y la compilación de muchísima información adicional, resultado de un exhaustivo trabajo de investigación.

MANUAL DE POSTURAS ESTÁTICAS

En este manual de posturas estáticas encontrarás una manera simple y accesible de acceder a los secretos de las posturas estáticas y la meditación de pie.

MANUALES DE DIFUSIÓN GRATUITA

GUÍA DE ENTRENAMIENTO KETTLEBELL PARA PRINCIPIANTES

La **Guía de Entrenamiento Kettlebell para Principiantes** es un manual digital [PDF] escrito por Jerónimo Milo, con la intención de difundir de manera completamente gratuita, la información necesaria para comenzar a entrenar con kettlebells de forma eficaz y segura.

GUÍA DE ENTRENAMIENTO CLAVAS PARA PRINCIPIANTES

La **Guía de Entrenamiento: Clavas para Principiantes** es un manual digital [PDF] escrito por Jerónimo Milo, con la intención de difundir de manera completamente gratuita la información necesaria para comenzar a entrenar con clavas de forma eficaz y segura.

MANUAL GRATUITO DE LEVANTADA TURCA CON KETTLEBELL

Utilizando el conocimiento y las herramientas presentadas en este manual **gratuito**, comienza a practicar el TGU. Aprende a balancear tus niveles de fuerza, movilidad y estabilidad con este inmejorable ejercicio.

Made in the USA
Middletown, DE
09 February 2025

71065590R00159